Organización de reuniones y eventos

Remedios Montedeoca López

**ic** editorial

Organización de reuniones y eventos
© Remedios Montedeoca López

1ª Edición

© IC Editorial, 2023

Editado por: IC Editorial
c/ Cueva de Viera, 2, Local 3
Centro Negocios CADI
29200 Antequera (Málaga)
Teléfono: 952 70 60 04
Fax: 952 84 55 03
Correo electrónico: iceditorial@iceditorial.com
Internet: www.iceditorial.com

ISBN: 978-84-1184-278-5
Depósito Legal: MA 1798-2023

Impresión: PODiPrint
Impreso en Andalucía – España

Nota de la editorial: IC Editorial pertenece a Innovación y Cualificación S. L.

Presentación del manual

El **Certificado de Profesionalidad** es el instrumento de acreditación, en el ámbito de la Administración laboral, de las cualificaciones profesionales del Catálogo Nacional de Cualificaciones Profesionales adquiridas a través de procesos formativos o del proceso de reconocimiento de la experiencia laboral y de vías no formales de formación.

El elemento mínimo acreditable es la **Unidad de Competencia.** La suma de las acreditaciones de las unidades de competencia conforma la acreditación de la competencia general.

Una **Unidad de Competencia** se define como una agrupación de tareas productivas específica que realiza el profesional. Las diferentes unidades de competencia de un certificado de profesionalidad conforman la **Competencia General,** definiendo el conjunto de conocimientos y capacidades que permiten el ejercicio de una actividad profesional determinada.

Cada **Unidad de Competencia** lleva asociado un **Módulo Formativo,** donde se describe la formación necesaria para adquirir esa **Unidad de Competencia,** pudiendo dividirse en **Unidades Formativas.**

El presente manual desarrolla la Unidad Formativa **UF0325: Organización de reuniones y eventos,**

perteneciente al Módulo Formativo **MF0983_3: Gestión de reuniones, viajes y eventos,**

asociado a la unidad de competencia **UC0983_3: Gestionar de forma proactiva actividades de asistencia a la dirección en materia de organización,**

del Certificado de Profesionalidad **Asistencia a la dirección.**

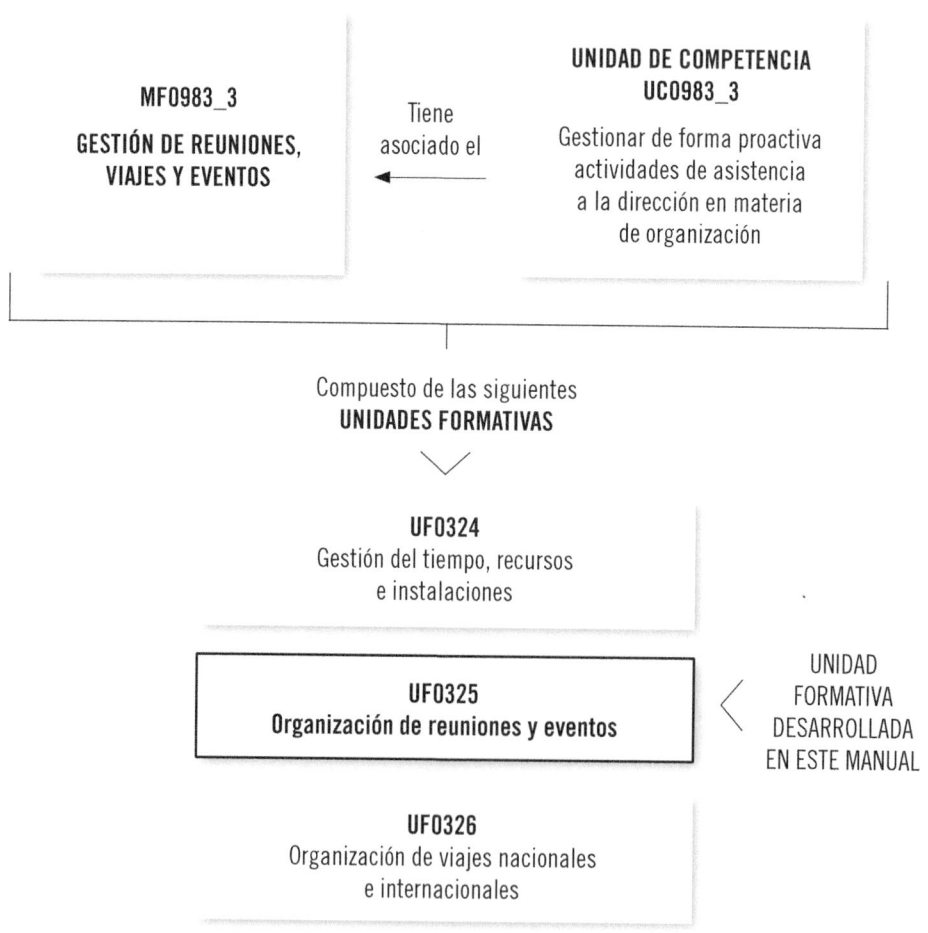

MF0983_3

GESTIÓN DE REUNIONES, VIAJES Y EVENTOS

Tiene asociado el

UNIDAD DE COMPETENCIA UC0983_3

Gestionar de forma proactiva actividades de asistencia a la dirección en materia de organización

Compuesto de las siguientes **UNIDADES FORMATIVAS**

UF0324
Gestión del tiempo, recursos e instalaciones

UF0325
Organización de reuniones y eventos

UNIDAD FORMATIVA DESARROLLADA EN ESTE MANUAL

UF0326
Organización de viajes nacionales e internacionales

FICHA DE CERTIFICADO DE PROFESIONALIDAD

(ADG0108) ASISTENCIA A LA DIRECCIÓN (R. D. 1210/2009, de 17 de julio, modificado por el R. D. 645/2011, de 9 de mayo)

COMPETENCIA GENERAL: Gestionar las informaciones y comunicaciones, internas y externas, relacionadas con los responsables y órganos de la dirección utilizando, en caso necesario, la lengua inglesa y/u otra lengua extranjera, manteniendo el archivo propio de la secretaría de dirección, así como asistir a la dirección en el desarrollo y ejecución de las actividades de organización delegadas por la misma, con visión global y pro-actividad, según los objetivos marcados y las normas internas establecidas.

Cualificación profesional de referencia		Unidades de competencia	Ocupaciones o puestos de trabajo relacionados:
ADG309_3 ASISTENCIA A LA DIRECCIÓN (R. D. 107/2008 de 1 de febrero)	UC0982_3	Administrar y gestionar con autonomía las comunicaciones de la dirección	• 3411.002.9 Secretario/a de dirección • 3411.001.0 Secretario/a en general • Asistente a dirección
	UC0983_3	Gestionar de forma proactiva actividades de asistencia a la dirección en materia de organización	
	UC0986_3	Elaborar documentación y presentaciones profesionales en distintos formatos	
	UC0984_3	Comunicarse en inglés, con un nivel de usuario competente C1 (usuario competente dominio operativo eficaz -nivel avanzado-), en las actividades de asistencia a la dirección	
	UC0985_2	Comunicarse en una lengua extranjera distinta del inglés, con un nivel de usuario independiente B2 (usuario avanzado equivalente a un intermedio alto), en las actividades de asistencia a la dirección	

Correspondencia con el Catálogo Modular de Formación Profesional

Módulos certificado	Unidades formativas	Horas
MF0982_3: Administración y gestión de las comunicaciones de la dirección		80
MF0983_3: Gestión de reuniones, viajes y eventos	UF0324: Gestión del tiempo, recursos e instalaciones	30
	UF0325: Organización de reuniones y eventos	60
	UF0326: Organización de viajes nacionales e internacionales	30
MF0986_3: Elaboración, tratamiento y presentación de documentos de trabajo	UF0327: Recopilación y tratamiento de la información con procesadores de texto	60
	UF0328: Organización y operaciones con hojas de cálculo y técnicas de representación gráfica en documentos	40
	UF0329: Elaboración y edición de presentaciones con aplicaciones informáticas	40
MF0984_3: Inglés profesional para la asistencia a la dirección	UF0330: Interpretación de las actividades orales y escritas de asistencia a la dirección en lengua inglesa	30
	UF0331: Interacciones orales en el entorno empresarial en lengua inglesa	50
	UF0332: Elaboración de documentación socio-profesional en lengua inglesa	30
MF0985_2: Lengua extranjera profesional distinta del inglés para la asistencia a la dirección		80
MP0076: Módulo de prácticas profesionales no laborales		80

Índice

Capítulo 3
Organización de eventos

Capítulo 4
El protocolo empresarial

Capítulo 1
Organización de reuniones

Contenido

1. Introducción

Sin necesidad de estar dentro del mundo empresarial, se sabe que las reuniones son parte importante de la rutina de cada empresa. Son el mecanismo empleado por las empresas para que los participantes expongan sus ideas, opiniones, unifiquen criterios y establezcan los objetivos a seguir, llegando a la toma de decisiones mediante consenso.

Sin embargo, a pesar de ello, en muchas ocasiones se considera que son inútiles, ineficaces, en definitiva, innecesarias. En estos casos, solo se ven como una pérdida de tiempo. Algunas causas que llevan a este descontento son: la celebración de infinitas reuniones, la pésima elección de los participantes, la no preparación de la reunión por parte de los integrantes de la misma y la falta de interés al acudir a esta y no llegar a la toma de decisiones.

Además, no todas las reuniones empresariales son iguales, puesto que puede ser que se celebre una reunión entre miembros de la empresa, o bien de estos con proveedores, con clientes, con fundaciones o con instituciones públicas.

Por todo ello, es obvio que no todas las reuniones deben plantearse del mismo modo, por lo que antes de celebrar una es fundamental centrarse en su organización, es decir, en las pautas a seguir, ya que a partir de una buena organización se podrá conseguir que la reunión sea un gran éxito.

2. Tipos de reuniones

Como ya se ha comentado, no todas las reuniones son iguales. A continuación, se detallan algunas de las modalidades que se pueden encontrar.

2.1. De información: ascendente, descendente y horizontal -comisiones de trabajo y grupos de decisión-

El objetivo de esta modalidad de reuniones es manejar información acerca de uno o varios temas de interés. El manejo de la información puede darse en dos sentidos: transmisión o percepción de información. La eficacia de estas reuniones vendrá dada por la captación total y perfecta de la información por parte de los participantes. Para ello es indispensable que el lenguaje empleado sea adecuado y preciso. Según el sentido en el que se mueve la información, estas reuniones podrán clasificarse en:

- **Reunión de información ascendente:** en este tipo de reuniones la información pasa de los asistentes de nivel jerárquico inferior a sus superiores. Mediante la celebración de estas reuniones los superiores obtienen información, impresiones y sugerencias sobre un tema determinado. En algunas ocasiones, la reunión de información ascendente se celebra para solucionar algún problema interno, constituyendo el objetivo de la misma la consecución de propuestas y alternativas que acaben con el conflicto. Debido a que no siempre la obtención de información por parte de los asistentes es fluida, la presencia de un moderador durante estas reuniones resulta muy útil, ya que este será el encargado de estimular a los asistentes, animándolos a que participen y den su punto de vista.

- **Reunión de información descendente:** los superiores transmiten la información a los empleados. Por lo general, los empleados no pueden participar en la obtención de información previa ni pueden intervenir para aportar su opinión. No obstante, en algunas ocasiones se reserva un turno de palabra al final de la misma para que los participantes puedan preguntar sobre aquello que no les ha quedado claro o para realizar alguna sugerencia. Con este turno de palabra los superiores se cercioran de que la información ha sido recibida correctamente.

- **Reunión de información horizontal:** en este tipo de reuniones se considera a todos los participantes como iguales, es decir, existe igualdad entre los miembros de la misma. Debido a ello se produce un intercambio de información de doble sentido (transmisión-percepción). Forman parte de este grupo:

  - **Comisiones de trabajo:** son equipos de trabajo constituidos por miembros de la empresa (empleados y socios), cuya finalidad es alcanzar el máximo conocimiento sobre una materia propuesta por una autoridad a la que deben presentar soluciones sobre la misma. Para ello realizan funciones tales como el análisis de la situación de partida, la búsqueda de información y propuestas de mejoras, el planteamiento de actuaciones a seguir, así como la aportación de las herramientas necesarias para llevarlas a cabo, y la elaboración y seguimiento del plan a seguir. Cada comisión actúa bajo las directrices de un miembro de coordinación, quien a su vez se encarga de transmitir los resultados (estrategias a seguir, métodos a aplicar, cómo se desarrolla, etc.) a la autoridad que ordenó el trabajo. Consecuencia de la diversidad de materias, pueden crearse múltiples comisiones de trabajo, entre otras: comisión de la función directiva, comisión de innovación, comisión económica-financiera, etc.

▪ **Grupos de decisión:** conjunto de consejeros que reunidos valoran todas y cada una de los propuestas que plantean, con el fin de llegar a un acuerdo. Para finalizar la reunión cada consejero cuya propuesta ha sido aprobada y el Presidente firmarán el acuerdo.

 Importante

En toda reunión se debe emplear un lenguaje adecuado y preciso para que la información sea captada de forma total y perfecta por los participantes en la misma.

2.2. Reuniones ordinarias

Por exigencia legal todas las entidades deben reunirse al menos una vez al año. Por tanto, se denomina **reunión ordinaria** a aquella que viene establecida por ley, cuya celebración se puede desarrollar según la fecha fijada en los estatutos empresariales o, si existe silencio, en los tres meses posteriores al cierre de cada ejercicio. Para que la misma, así como los acuerdos adoptados en ella, sea válida tendrá que ser constituida legalmente. Los temas que se abordan durante su celebración son los relativos al cierre de ejercicios, la aprobación de resultados, la aprobación de presupuestos para el próximo ejercicio, el nombramiento de algún cargo de la entidad, etc. Estos temas están fijados y se conocen con anterioridad al inicio de la misma.

Nota

La reunión ordinaria se suele celebrar, obligatoriamente, al menos una vez al año.

2.3. Reuniones extraordinarias

Realizando una comparativa con las reuniones ordinarias, se está ante un tipo de reuniones que se celebran de modo ocasional. En ellas se tratan temas y se toman decisiones urgentes, por ello que estas reuniones no están planificadas con anterioridad. Esta urgencia en su celebración viene dada por la importancia de las decisiones a tomar.

 Aplicación práctica

La empresa ATLAS S. A. ha recibido una notificación, y en ella se le informa que uno de sus trabajadores le ha presentado una denuncia por despido improcedente, indicando la cuantía de la sanción (que resulta ser una cantidad demasiada elevada para la sociedad), y que dispone de un plazo de diez días para presentar alegaciones si lo estima conveniente. Los accionistas de la sociedad deciden reunirse para tomar una decisión. ¿Qué tipo de reunión organizarán? ¿En qué se basa?

SOLUCIÓN

La reunión que celebrarán será de carácter extraordinario.

Los motivos que hacen que se opte por la celebración de una reunión extraordinaria son: de un lado, la importancia de la cuantía a pagar, demasiado elevada para que la sociedad pueda afrontarla, y, de otro lado, el carácter urgente, ya que disponen de poco plazo para actuar.

2.4. Reuniones formales

Estas reuniones tienen una estructura marcada, es decir, siguen todas las fases del procedimiento de organización de reuniones: **planificación, preparación, desarrollo y control-evaluación.**

Durante la fase de planificación se establecen los temas a tratar y se fijan los objetivos que se desean alcanzar, así como se determinan los asistentes que deben participar en la reunión. Tras todas estas decisiones se pasa a la fase de preparación, consistente en la puesta a punto de la reunión. Dentro de todos los aspectos que se deben llevar a cabo durante esta fase, es fundamental realizar la oportuna invitación de asistencia a todas aquellas personas que se desea participen en la misma, para que al disponer de tiempo suficiente los asistentes puedan preparar su participación en la reunión, cuyo resultado se reflejará de forma directa en la fase de desarrollo, pues la preparación de su participación incrementa la obtención de información y, con ella, las opiniones, lo que favorece el trabajo en equipo, la resolución de problemas y la toma de decisiones en la reunión, que quedarán recogidas en el acta. El cierre vendrá dado por la evaluación realizada por los asistentes sobre la misma, cuyos resultados se tendrán presentes en la organización de la próxima reunión.

2.5. Reuniones medias: grupos de calidad, comité de empresa y reunión de ventas

No todas las reuniones están perfectamente estructuradas como sucede en las reuniones formales. Aquellas reuniones que permiten su desarrollo sin la necesidad de una estructura estricta son las que se denominan **reuniones medias.** Algunos ejemplos dentro de esta categoría son:

- **Grupos de calidad:** hay ocasiones en las que durante el desarrollo de un trabajo se pueden detectar ciertos problemas, y una forma de tratar de atajarlos es la de celebrar reuniones conocidas como grupos de calidad. Estas reuniones están formadas por un grupo reducido de trabajadores, afectados por el mismo problema, cuya participación es voluntaria, la duración de las mismas es corta y en relación a la logística solo suelen necesitar una sala adecuada. Su frecuencia de celebración depende de lo que el grupo decida.

- **Comité de empresa:** según el Estatuto de los Trabajadores, el comité de empresa es el órgano representativo y colegiado del conjunto de los trabajadores en la empresa o centro de trabajo para la defensa de sus intereses, constituido en cada centro de trabajo. La elección de los representantes se realiza cada cuatro años mediante sufragio, seleccionados de las listas de candidatos presentadas. Su celebración dependerá de los acuerdos a adoptar y del tiempo que se necesite para tomarlos. No obstante, es aconsejable la celebración de una reunión por trimestre como medida de control y seguimiento del estado de la empresa.
- **Reunión de ventas:** para las empresas la obtención de ventas es uno de los puntos fuertes que se marcan como objetivo. Por ello, es importante realizar un seguimiento de las mismas. Estas reuniones se pueden organizar para analizar las ventas alcanzadas en ejercicios anteriores, realizar un seguimiento de la campaña en curso, fijar objetivos de ventas futuras, dar nuevas pautas de ventas a los comerciales, ofrecer nuevos incentivos a los vendedores para animarlos a maximizar sus ventas, etc.

2.6. Reuniones informales: reunión de departamento, *planning* semanal y otros

Al contrario que las reuniones formales, las reuniones informales no precisan de una estructuración de actuación previa, lo que no debe llevar a la confusión de pensar que son menos importantes. Como todas, su celebración también persigue un objetivo, y las actuaciones tratadas y tomadas serán anotadas mediante una nota interna. Son reuniones de duración corta y frecuentes en el tiempo. Generalmente son **reuniones de departamento** en las que coinciden el director del mismo y sus subordinados con el fin de fijar un *planning* semanal, realizar seguimientos, solucionar ciertas irregularidades, etc. Habitualmente para llevarla a cabo solo habrá que realizar una revisión de la sala, ya que su reserva está hecha para todo el año. Por último, si el jefe lo solicita, se debe elaborar un dosier con las notas internas de la reunión.

Importante

Las reuniones informales, a pesar de carecer de planificación previa, merecen la misma consideración que el resto de reuniones, pues, al igual que en las otras, los acuerdos adoptados repercuten sobre la empresa.

2.7. Reuniones internas: junta directiva, asamblea, aprobación de presupuestos, consejo de administración, comité directivo y junta de accionistas

Estas reuniones se organizan con miembros internos de la empresa, pero no por ello hay que descuidar los requisitos de organización, ni los previos ni los referentes al desarrollo de la misma, ya que al igual que en toda reunión se persigue su eficacia máxima. Por lo general, se organizan en la sala que la empresa tiene acondicionada para estos eventos: sala de juntas, de reuniones, etc. Por tanto, en estos casos el organizador se limitará a confirmar que todo está bien en la sala, así como a enviar la convocatoria, controlar la confirmación de asistencia, realizar la recepción de los asistentes y la contratación de los servicios exteriores oportunos. Algunas de las posibles reuniones internas que se pueden dar son:

- **Junta directiva:** por lo general, está constituida por: presidente, vicepresidente, tesorero, secretario y vocales; cuya función consiste en la planificación, dirección y control de las diversas actividades y directrices de una empresa. Su desarrollo exige el cumplimiento íntegro del orden del día y la estimación de su duración debe ser de dos horas máximas.
- **Asamblea:** el Consejo de Administración es el encargado de convocar a los accionistas o socios con el propósito de informarles, evaluar resultados y un posible reparto de beneficios y solucionar problemas, entre otros. Estas reuniones son de celebración periódica.
  Por otro lado, la ley obliga a ciertas empresas a la celebración de **asambleas generales.** Para ellas, todos los datos que se vayan a exponer, los

preparativos, así como las actas que se elaboren deben ser realizados por expertos en la materia.

- **Aprobación de presupuestos:** con periodicidad anual, generalmente, las empresas estiman los presupuestos para el ejercicio. Dependiendo del tamaño de la empresa, se realizará una propuesta conjunta o bien podrán realizarse presupuestos por cada departamento. Tanto uno como otros, una vez aprobados en esta reunión, conformarán el presupuesto anual de la empresa.

- **Consejo de administración:** el consejo de administración es, junto con la junta de accionistas, una de las reuniones internas más importantes en una empresa. Se puede definir como el órgano administrativo que rige las sociedades anónimas. Sus reuniones son convocadas por el presidente, siendo este el director de la reunión. Normalmente lo conforman un máximo de doce miembros. Aunque no son tan mediáticas ni populares como las juntas generales de accionistas, se deben cuidar todos los detalles relativos a su organización, medios técnicos y humanos, la sala de reuniones, etc.

- **Comité directivo:** comisión ejecutiva de alto nivel regida por el director general, en la que participan los subdirectores y directores departamentales. El mínimo no supera los diez o quince asistentes.

- **Junta general de accionistas:** se da en las sociedades anónimas cuando se reúnen sus accionistas. Tiene por cometido presentar la gestión llevada a cabo por los administradores y dar aprobación a las del ejercicio anterior. Se pueden diferenciar diversos tipos de juntas generales de accionistas:

  - **Constituyente:** la que se celebra por vez primera.
  - **Ordinaria:** establecida por ley, se celebra una al año para aprobar las cuentas anuales y demás temas que se quieran plantear.
  - **Extraordinarias:** toda junta distinta a la ordinaria. Una vez que se precise su celebración se llevará a cabo en un período máximo de cuatro meses.
  - **Universal:** se lleva a cabo sin necesidad de convocarla previamente.

 **Nota**

El consejo de administración y la junta general de accionistas son dos de las reuniones internas de mayor importancia en una empresa.

La técnica general es que se celebren una vez al año, atendiendo siempre a la regulación que se estipule en sus estatutos sociales.

2.8. Reuniones externas: mesa redonda, conferencia, congreso, coloquio, convención, simposio y negociación

Son aquellas en las que los asistentes son integrantes de diferentes entidades, existiendo algún tipo de conexión entre ellos, por ejemplo: asociaciones de sordos y delegaciones de servicios de un ayuntamiento.

En este tipo de reuniones hay que poner especial atención en los aspectos relativos al protocolo y a la logística, con el objeto de conseguir una mayor y mejor imagen de la entidad. En cuanto a la logística, habrá que organizar viajes y alojamiento para los asistentes que se desplacen desde otra ciudad o país, siempre teniendo presente las directrices del jefe, obviamente. Y puesto que el componente social es muy importante, hay que prever un tiempo inicial para que los asistentes mantengan un primer contacto entre ellos.

Se puede diferenciar una serie de tipos de reuniones externas:

- **Mesa redonda:** grupo de individuos expertos en una temática específica, normalmente entre tres y seis personas, en la que exponen y debaten un tema concreto, realizándose al final un coloquio con la intervención y participación de todos ellos.
- **Conferencias:** exposición ante un público o auditorio de una temática tratada por un experto en la materia, o por un grupo de personas que explican su experiencia sobre un tema en particular.

Las conferencias pueden realizarse bien en persona o, si el experto ponente no puede desplazarse al lugar donde se produce la conferencia, mediante presencia virtual. Es esta una forma de estar presente en la misma y desarrollarse el evento como si estuviera allí en persona, tales como:

■ **Videoconferencia:** transmisión vía Internet en la que se permite una comunicación a distancia por la necesidad de que el ponente esté "físicamente" en el lugar de la conferencia. Puede incluso darse el caso en el que sean dos o más ponentes hablando por videoconferencia ante un auditorio.

Videoconferencia de múltiples ponentes a la vez

■ **Conferencia web:** su conexión también es a través de Internet, pero a diferencia de la videoconferencia, esta comunicación está más pensada para participaciones individuales.

■ **Congreso:** reunión de un gran número de personas cuya intencionalidad es formativa y está dirigida a un sector específico. Suele durar varios días y tiene el objetivo de defender ideas sobre una temática concreta; sobre esta se centran las diferentes exposiciones, organización de grupos o talleres de trabajo, debates, intercambio de opiniones y conclusiones finales.

- **Coloquio:** charla en la que uno o varios especialistas conversan sobre una temática en particular para después pasar a un turno de intervenciones y preguntas relativas a lo tratado.
- **Convención:** reunión a la que solo asisten los miembros de una entidad u organización, quedando vetada su asistencia a otro tipo de participantes. Es similar a un congreso, pero de organización más sencilla, puesto que la responsabilidad de su convocatoria recae en una sola persona, que se encarga de todos los pormenores: duración, manutención, transportes, etc.
- **Simposio:** evento en el que dos o más expertos manifiestan sus puntos de vista sobre una temática determinada, contando con la participación activa de los asistentes a la misma. Dura unos dos días como máximo y no se rigen por un protocolo determinado.
- **Negociación:** en una negociación se reúnen diferentes partes con intereses distintos, normalmente contrarios, y que tratan de llegar a acuerdos, a puntos en común o que satisfagan a todas las partes. Su carácter es complejo, por lo que hay que tener especial habilidad para dialogar, comunicar, saber ceder, etc. Suelen contar con una persona que hace de moderadora, caracterizada por su neutralidad e imparcialidad, que insista en la necesidad de que ambas partes lleguen a un mutuo acuerdo, aunque ello suponga que una parte tenga que ceder ante la otra. Para este tipo de reuniones se aconseja la participación de un número pequeño de individuos, con máximo de tres personas por cada parte.

 Nota

La función del moderador es muy importante en una negociación ya que debe construir el espacio de diálogo y hacerlo avanzar en caso de estancamiento.

No obstante, sea cual sea el tipo de reunión que se lleve a cabo, todas deben seguir unas pautas con el fin de que la celebración de la misma sea un éxito. Los pasos a seguir son los siguientes:

Planificación

↓

Preparación

↓

Desarrollo

↓

Resumen y evaluación

 Actividades

1. Averiguar si se pueden organizar reuniones a pesar de que algunos de sus componentes imprescindibles para el desarrollo de las mismas no puedan acudir físicamente, y señalar el porqué.
2. Enumerar las pautas que se deben seguir en la organización de reuniones, independientemente de su tipología.

3. Planificación de las reuniones

Antes de celebrar una reunión lo primero que se debe hacer es planificarla, es decir, diseñar un plan a seguir que establezca los pilares fundamentales; por ejemplo: qué se desea conseguir, cuáles serán los temas a tratar, quiénes van a participar, etc.

Será el organizador quien establezca dichos puntos, así como quien estará encargado de estimar el tiempo necesario para efectuar cada tarea, tanto las relativas a la preparación de la reunión, para asegurar que se llega a tiempo, como a las que se deben llevar a cabo durante la celebración de la misma, y de este modo asegurarse que se cumplen los objetivos por los que se convocó el encuentro.

Por otro lado, en una reunión es obvio que existen además del organizador otros participantes; pues bien, uno de los pasos que hay que realizar cuando se planifica una reunión es avisarlos, informándoles de los temas que se van a tratar, del día, hora y lugar de celebración. De este modo, el participante se podrá preparar para la misma y será consciente de qué se va a encontrar.

Estas son algunas de las consideraciones para intentar evitar que las reuniones se desvíen del fin para las que se convocan.

Según Darío Brieva, psicólogo laboral: "El error más grande es llegar a una reunión de trabajo sin una planificación, y reunir personas que no tengan interés ni tiempo para escuchar lo que tienen que decir los demás".

4. Preparación de las reuniones

La preparación hace referencia a la puesta a punto de la reunión, es decir, a la disposición adecuada de todos los requisitos que la misma necesita. Por tanto, esta consistirá en el establecimiento de objetivos, la elaboración del presupuesto, el registro de fechas en las agendas, confeccionar la lista de control, así como la de los participantes, seleccionar el material de apoyo, preparar las tarjetas identificativas y prestar atención a la logística.

4.1. Objetivos: intercambio de ideas o de información, toma de decisiones, elaboración de estrategias, distribución y coordinación de tareas y comunicación de temas de interés

Los objetivos son el pilar fundamental de las reuniones, ya que sin un objetivo patente no tiene sentido la celebración de las mismas. Por tanto, constituyen las metas que en una reunión se quieren conseguir.

La fijación de objetivos puede ser muy variada, desde intercambio de ideas o información, toma de decisiones, elaboración de estrategias, distribución y coordinación de tareas, hasta comunicación de temas de interés, entre otros; pudiendo optarse por el establecimiento de uno solo o de varios de ellos en una misma reunión.

 Nota

Es vital para conseguir los objetivos el diseño de un plan a seguir, que establezca los pilares fundamentales.

En definitiva, son tan importantes porque influyen directamente sobre la obtención de la productividad máxima de la reunión.

4.2. El presupuesto

El llevar a cabo una reunión conlleva costes para la empresa, y la acumulación de todos ellos es lo que se entiende como **presupuesto.** Por tanto, la elaboración del presupuesto deber ser lo más ajustada posible, pues aunque de las reuniones no se espera obtener beneficio económico, lo que sí se quiere evitar en todo momento es tener pérdidas.

Se puede pensar que las reuniones internas, por celebrarse en la empresa y con miembros de la misma, no suponen costes, pero ello no es así porque siempre existen, entre otros, los costes de recursos humanos, equivalentes a las ganancias que se obtendrían si el empleado permaneciese en su puesto de trabajo y no acudiese a la reunión.

La ventaja de organizar una reunión interna es que llegado el momento de elaborar el presupuesto, este se calculará con una mayor precisión, ya que se sabrá con más fiabilidad quiénes acudirán y además por qué anteriormente se han realizado negociaciones con proveedores (de proyectores, alquiler de banderas o *catering*, en definitiva, todo el material de apoyo que se estime necesario para el desarrollo de una reunión), cuyos resultados permiten que quien organice la reunión conozca el precio exacto de los servicios a contratar, con lo que el presupuesto obtenido será más exacto.

Indistintamente al tipo de reunión que se celebre, el presupuesto reflejará las siguientes partidas:

- **Costes fijos:** estos costes son invariables ante pequeños cambios en el nivel de actividad durante un período específico acordado con los proveedores. Generalmente se les relaciona con los costes de estructura, de ahí que en ocasiones se les llame así, costes de estructura. Por tanto, su importe será independiente al número de asistentes que participen en la reunión y será de mayor peso que las demás partidas que forman el presupuesto, ya que esta recoge entre otros los siguientes costes: electricidad (iluminación y climatizadores), alquiler de banderas, alquiler de sonido (micrófonos y cascos auriculares), servicio de *catering*, contratación de azafatas, de intérpretes y/o de traductores y publicidad de la reunión, entre otros.
- **Costes variables:** este tipo de costes están relacionados con el número de asistentes. En esta partida se incluyen los costes por persona de comida, café, bebidas, regalos, entrega de documentación, etc.; es decir, todos los que se puedan obtener de forma individualizada. Por tanto, estos costes varían en el tiempo.

Gráfica representativa de la evolución de
los costes fijos y de los costes variables

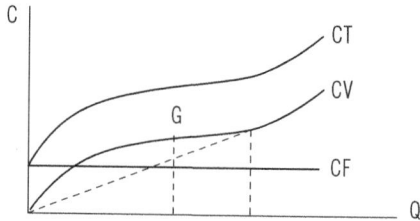

Por último, siempre pueden presentarse situaciones inesperadas que supongan un coste, por ello, además de las partidas tratadas, en el presupuesto se debe reservar otra más para que en caso de que esto ocurriera se pudiera solventar sin ninguna dificultad. Esta partida puede denominarse **costes extraordinarios,** y será por una cuantía que el organizador considere oportuna, oscilando del 5 % al 15 %.

4.3. Registro de fechas en agendas

El organizador de una reunión en el desempeño de su labor será el encargado de anotar la fecha, hora y lugar de cada reunión a la que esté invitado su jefe, anotando tanto a las que acudirá como a las que no. Estas anotaciones las realizará en su agenda y en la del jefe.

4.4. Lista de control

En la organización de una reunión existen multitud de detalles que deben tenerse en cuenta, todos necesarios para obtener un resultado exitoso de la misma. Un instrumento muy valioso para no obviar ninguno de estos detalles consiste en la elaboración de una **lista de control,** en la que se anoten todos y cada uno de los requisitos necesarios, referentes a cada una de las fases de la reunión: **preparación, desarrollo y evaluación y cierre.**

4.5. Lista de participantes

Los participantes son una pieza importante en el desarrollo de la reunión. Por ello, según las características de la reunión que se esté preparando se elegirán a unos u otros. Realizada esta elección se obtiene la lista de participantes, de los que debe tenerse una ficha con los siguientes datos:

- Nombre y apellidos.
- Tratamiento.
- Empresa.
- Puesto que ocupa.
- Teléfono.
- Fax.
- *E-mail*.
- Dirección de la empresa.
- Preferencias (comidas, bebidas, etc.).

 Actividades

3. Realizar la estimación del presupuesto para la celebración de una reunión informal.
4. En las reuniones todos los asistentes son iguales, es decir, todos tienen la misma relevancia, por lo que con saber sus nombres es suficiente. Justificar si esta afirmación es correcta o falsa.
5. Averiguar por qué se aconseja la elaboración de una lista de control.

4.6. Material de apoyo: pizarra adhesiva, de papel o magnética, cañón de luz, retroproyector, televisión, vídeo, presentaciones, gráficos y diapositivas

El material de apoyo está constituido por todos los instrumentos de los que los participantes de una reunión se pueden valer, cuando así lo consideren. Su correcta elección y posterior uso hacen que la temática expuesta se asimile de forma clara, fácil y dinámica, y el resultado de la reunión sea más satisfactorio.

 Importante

El material de apoyo debe servir para mejorar y ampliar la calidad de la presentación, de ahí la importancia de revisar su correcto funcionamiento antes de iniciar la reunión.

En la elección del material acertado influyen factores como el tipo de reunión a organizar, el número de participantes, el efecto que se quiere causar en los participantes, lo que se desea presentar, etc.; siendo el participante que necesite del uso de los mismos durante su presentación quien elija cuál se adapta mejor a su trabajo.

En la actualidad existe una amplia variedad de material de apoyo del que pueden disponer todos los participantes, cuyo uso puede ser de modo individual o colectivo. Algunos de ellos son:

- **Pizarra adhesiva, de papel o magnética:** es muy habitual que cuando se celebra una reunión se haga uso en algún momento de una pizarra, especialmente en aquellas con pocos asistentes y breves en duración. Actualmente las más usadas son las **pizarras Velleda,** que pueden ser **adhesivas o magnéticas.** Se trata de un modelo de pizarra muy fácil de usar, que permite borrar lo escrito y necesitan de rotuladores especiales. Su inconveniente es que no permite la acumulación de mucha información y no se puede guardar lo anotado en ellas. Las **pizarras de papel o blocs de pizarra** son de las más utilizadas y pueden encontrarse con mayor asiduidad en las salas, tanto hoteleras como en aulas de cursos de formación. Una de sus ventajas es que sí se pueden ir conservando las anotaciones realizadas, pues estas se llevan a cabo en hojas independientes que podrán separarse del bloc e ir colocando sobre paneles o sobre la pared.

Ejemplo de sala con pizarra Velleda

- **Cañón de luz o proyector de video:** es un aparato que se conecta al ordenador y permite, tras recibir una señal desde el ordenador, proyectar una imagen o video sobre una pantalla; la imagen o vídeo puede ir acompañada de sonido, que será reproducido a través del altavoz del ordenador. Necesita que la sala esté a oscuras.
- **Retroproyector:** se trata de un aparato muy sencillo, que consiste en la proyección de una imagen sobre una pantalla, a través de una transparencia a la que se transmite luz. Es muy fácil de usar porque las transparencias se pueden hacer a mano. Es recomendable para reuniones no demasiado grandes y al igual que el proyector de vídeo necesita que la sala esté oscura.

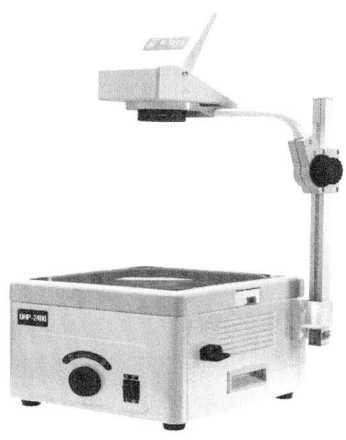

Retroproyector

- **Televisión:** en algunas ocasiones para el desarrollo de la reunión se necesita conectar en directo con algún canal televisivo, por ello es importante que la sala donde se celebre el encuentro disponga de una buena antena que asegure el buen seguimiento del debate, anuncio publicitario, presentación de algún producto, etc.
- **Video:** permite la visión de imágenes grabadas con antelación. Para su proyección necesita de una pantalla televisiva a la que estará conectado. No obstante, a pesar de ser un aparato muy útil y usado para la presentación de proyectos, su elaboración presenta mayor dificultad que la de una simple transparencia o fotografía.
- **Presentaciones:** son uno de los medios más utilizados en la exposición de cualquier tema. Se trata de recursos informáticos fácilmente manejables y que resultan muy vistosos para los demás participantes. Siempre que se pretenda hacer uso de ellas en una reunión hay que ser precavidos y asegurarse con antelación de que se dispone de los medios oportunos para que la presentación pueda desarrollarse. Para ello, si el organizador es quien hará uso de las mismas debe cerciorarse de que su ordenador se puede conectar en la sala o que sus dispositivos conectan en el ordenador de la sala; mientras que si es alguno de los participantes quien emplea una presentación tendrá que enviarle una copia al organizador, para corroborar que todo funciona a la perfección, o también podrá instalar su ordenador haciéndoselo constar con antelación. No obstante, aunque se hayan tomado ciertas medidas, es aconsejable que el día de la presentación se aporte el archivo al menos en un par de dispositivos de almacenamiento más para solucionar posibles imprevistos.
- **Gráficos y diagramas:** son muy útiles para la exposición de datos, pues facilitan la asimilación de la información. En su empleo hay que ser muy preciso y hacer uso del mínimo texto posible. De este modo se conseguirá resaltar cada una de las barras o curvas que los forman y que son las que reflejan la información que se pretende que el receptor capte.
- **Diapositivas:** son fotografías plasmadas sobre un soporte transparente, que se introducen en el carril del proyector para ser reflejadas en una pantalla. Se pueden usar bien individualmente o en conjunto. A pesar de la gran calidad de las imágenes que proyecta está cada vez más en desuso, puesto que se deterioran si se proyectan durante largo tiempo y además porque la creación de una diapositiva resulta muy costosa y

supone una inversión de tiempo elevada. Otro de sus inconvenientes es que precisa que la sala donde se proyecten esté totalmente a oscuras.

 **Nota**

Las diapositivas aún ofrecen una calidad de imagen inigualable, incluso superior a la televisión de alta definición, especialmente en ilustraciones.

Estos son los materiales de apoyo que más suelen usar los ponentes de una reunión, pero hay que resaltar que existen otros como el material multimedia o los espectáculos y los efectos especiales, que se emplean, debido a su extraordinaria capacidad de incidir sobre el receptor, cuando el fin de la reunión es la presentación de un nuevo producto.

4.7. Tarjetas. Colocación de los integrantes. Precedencias

Existen ocasiones en las que en las reuniones, debido a su formalidad o a que sus integrantes no se conocen entre sí, se hace necesario el uso de tarjetas identificativas. Estas tarjetas colaboran en la correcta distribución de la mesa de la reunión, evitando la presencia de un posible caos. En definitiva, son un instrumento de **colocación de los asistentes** a la misma, estableciendo el orden de **precedencia** según marca el protocolo.

Como herramienta de protocolo su diseño debe ser cuidadoso, prestando especial atención a la correcta legibilidad de los datos inscritos (evitar las inscripciones a mano). Por lo general estos datos son: **nombre, apellidos, tratamiento, empresa y cargo,** entre otros; incluyendo también el **país** cuando los asistentes sean de diferentes nacionalidades. En la elaboración de las tarjetas es aconsejable que el nombre de cada participante esté escrito por las dos caras (ello facilita a que el asistente localice de forma más fácil, cómoda y rápida su ubicación en la mesa), así como que el organizador de la reunión disponga de medios suficientes para hacer frente a posibles cambios de último momento.

Ejemplo colocación de tarjetas en una mesa de reuniones

4.8. Logística: sala -luz, ruido, tamaño, mesas, visibilidad, distribución de asientos, temperatura y ventilación-, *catering*, medios audiovisuales e informáticos, decoración, seguridad, reserva de hoteles, transporte, restauración, recursos humanos y *outsourcing*

Hace referencia a todos los medios necesarios para llevar a cabo la organización de una reunión. La organización de reuniones, con independencia de su volumen (pequeñas, medianas o a gran escala) siempre necesitará de ciertos recursos que contribuyan a su buen desarrollo, resultando más fácil la organización de la misma si la empresa dispone de todos los medios necesarios para ello. En caso contrario, lo más habitual es adquirirlo del exterior (subcontratas, compras, etc.) con lo que la persona organizadora del encuentro estará obligada a negociar.

Los recursos deberán disponerse en función de las necesidades de la reunión. En este punto, el buen hacer y la creatividad del organizador ayudan a combatir en muchas ocasiones la escasez de los mismos.

Sala

Será el lugar donde se celebre la reunión, por lo que la elección de la misma es uno de los puntos más importantes de todo el proceso. En la elección de la sala hay dos opciones: por un lado se puede optar por organizar la reunión en una sala de la empresa organizadora (despacho, sala de reuniones, etc.); y, por otro, puede ser que se prefiera acudir a la contratación externa de la misma (salas de hoteles, palacios de congresos, etc.), pues probablemente las instalaciones de la empresa organizadora no dispongan de los medios que se necesitan.

 Nota

La figura del palacio de congresos es relativamente reciente en España, ya que hasta la década de los 90 no se produjo una notable proliferación de estos edificios.

En todo caso, sea cual sea la elección, debe seguir unas pautas y comprobar que la sala escogida:

1. Dispone de capacidad suficiente para albergar a todos los asistentes previstos.
2. Esté bien iluminada, ya sea mediante luz natural o artificial.
3. En un momento dado podrá quedarse completamente a oscuras, ya que muchos de los aparatos usados para las presentaciones precisan de total oscuridad en la sala para su correcta visualización.
4. La acústica es buena; hay que comprobar que el sonido llega bien a todos los puntos de la sala y que no molestan ruidos del exterior.
5. Dispone de ventilación óptima y de una buena temperatura. En este apartado son importantes los aparatos tanto de aire frío como caliente.
6. Mesas y distribución de asientos. Hay que revisar que los asientos sean cómodos, según las características de la reunión, y si están bien distribuidos; es decir, si permiten que todos los asistentes perciban bien lo que se quiere transmitir, y en lo referente a las mesas deben dejar que

cada asistente desde la suya pueda transmitir lo que desee, llegando a todos, y todos también deben disponer del espacio suficiente para dejar reposar su material. La forma de colocación de las mesas es muy variada, aquí se destacan las más habituales y útiles:

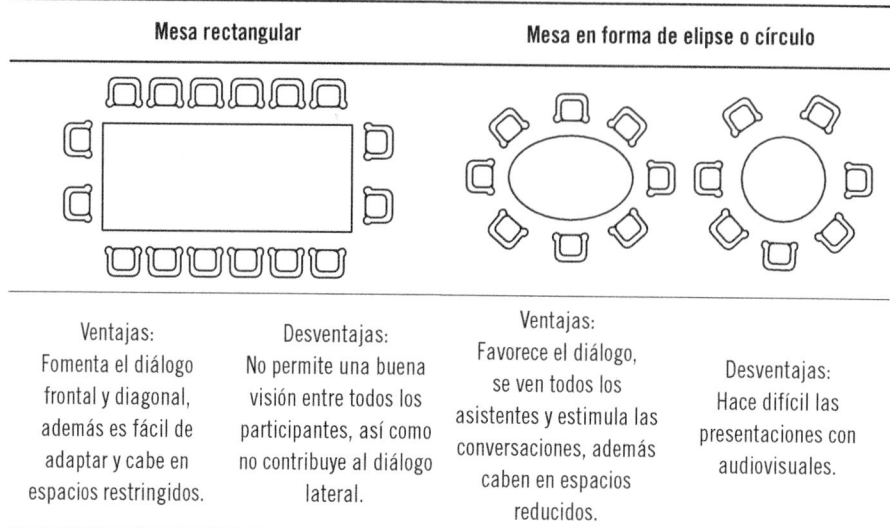

Mesa rectangular

Ventajas:
Fomenta el diálogo frontal y diagonal, además es fácil de adaptar y cabe en espacios restringidos.

Desventajas:
No permite una buena visión entre todos los participantes, así como no contribuye al diálogo lateral.

Mesa en forma de elipse o círculo

Ventajas:
Favorece el diálogo, se ven todos los asistentes y estimula las conversaciones, además caben en espacios reducidos.

Desventajas:
Hace difícil las presentaciones con audiovisuales.

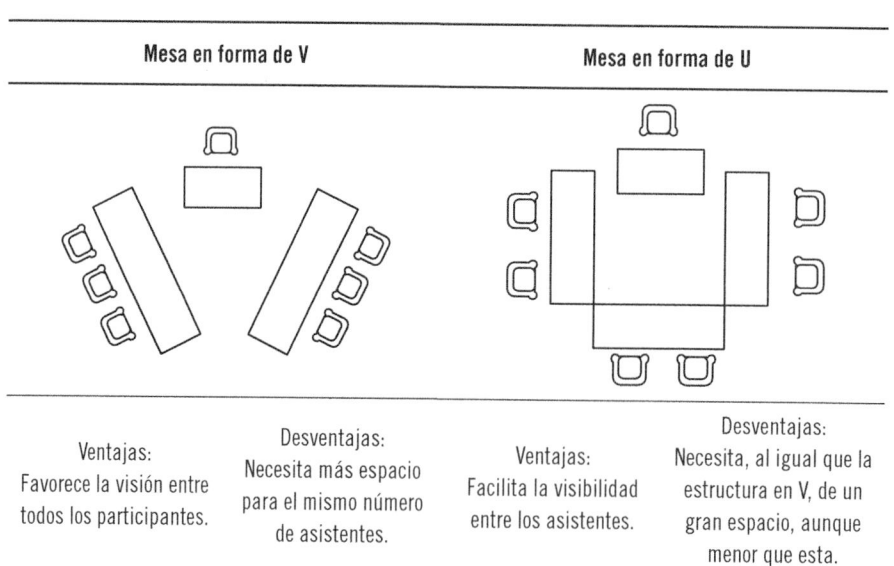

Mesa en forma de V

Ventajas:
Favorece la visión entre todos los participantes.

Desventajas:
Necesita más espacio para el mismo número de asistentes.

Mesa en forma de U

Ventajas:
Facilita la visibilidad entre los asistentes.

Desventajas:
Necesita, al igual que la estructura en V, de un gran espacio, aunque menor que esta.

Restauración o *catering*

Con frecuencia las salas donde se celebran las reuniones no disponen de un comedor contiguo donde poder ofrecer una comida a los asistentes (excepto en los hoteles que sí pueden disponer de su propio comedor). Por ello cuando durante la reunión se deba hacer un descanso para el almuerzo, la empresa organizadora contratará para ello un servicio externo de *catering* o restaurante.

Una buena elección del menú es importante para causar una impresión correcta y que la imagen de la empresa se vea beneficiada, de ahí la preocupación por las preferencias al realizar la **lista de participantes.** Se puede optar por ofrecer bufé (más rápido) o un almuerzo donde se sirvan los platos (consume más tiempo). Otra forma de ofrecer la comida es acudiendo a algún restaurante de confianza para la empresa.

Medios audiovisuales e informáticos

Una buena elección de estos medios puede hacer de la reunión un éxito total, pues una buena ilustración ayuda a entender mejor lo expuesto. Sin embargo, también surge el efecto contrario si la elección no es apropiada, pudiendo perjudicar bastante el resultado de la reunión. Inclinarse hacia uno u otro tipo de medios audiovisuales e informáticos dependerá de la reunión que se quiera organizar.

Decoración

En general, las salas donde se celebran las reuniones no deben presentar una decoración excesiva, puesto que quien acude está trabajando y no debe encontrar objetos que le ayuden a desconcentrarse. Centrando la atención en las mesas, es habitual encontrar un pequeño centro floral sobre las mismas o bien en reuniones de mayor envergadura a los pies de la mesa principal. Sobre ello, decir que es correcto y no rompe con la sobriedad que estos actos precisan, no obstante, es importante que los centros florales no desprendan olor alguno.

Por último, comentar que como parte del decorado se pueden encontrar ciertos recursos publicitarios, tanto de la empresa como de otras colaboradoras. Como ejemplo, no suelen faltar un bolígrafo y un cuaderno de notas (normalmente están colocados sobre la mesa en el puesto de cada participante, antes de iniciar la reunión), así como paneles corporativos.

Seguridad

La seguridad consiste en la ausencia de riesgos o peligros en algún entorno o desarrollo de una actividad, lo que garantiza la integridad de los asistentes a un acto. Por tanto, todas las actuaciones y decisiones tomadas con objeto de reducir el peligro forman parte de la seguridad. Entre estas se encuentran las actuaciones preventivas, así como las pautas a seguir en caso de que surja algún imprevisto que afecte a la integridad de los asistentes. Parte de su importancia se fundamenta en que las personas (asistentes) seguras toman mayor confianza en sí mismas y ello, en el caso de los asistentes a una reunión, les repercutirá en una participación e intervención exitosa.

 Importante

La seguridad constituye una de las necesidades básicas de las personas. Maslow, en su pirámide de necesidades, la sitúa en el segundo nivel, así como también está incluida como una de las siete necesidades básicas de la teoría de Bronislaw Malinowski.

Una vez más, el punto de partida para decidirse por una clase u otra de seguridad está en el tipo de reunión que se organice. A pesar de que esta tarea no le corresponde al organizador, debe mostrar una colaboración total con el equipo de seguridad y actuar como ellos indiquen.

En la actualidad, este punto se ha convertido en un tema de gran relevancia dentro de las empresas, pues forma parte de la prevención de riesgos laborales, así como se debe velar por la seguridad del entorno donde se vaya a desarrollar la reunión.

Actividades

6. Señalar por qué no es aconsejable la estructuración de las mesas en forma circular cuando se quiere emplear material audiovisual.

Indistintamente del tipo de reunión celebrada, un punto común para todas dentro del protocolo de seguridad es el **control de entrada de los asistentes,** solo invitados al acto.

Cuando se trata de actos multitudinarios son los diversos organismos de seguridad los encargados de garantizar tanto la seguridad externa como interna de la reunión, siendo los responsables de dejar pasar solo a las personas acreditadas.

Además, puede que al acto acudan invitados que dispongan de su propia seguridad; será entonces cuando con antelación tendrán que ponerse en contacto estos equipos de seguridad con el de la empresa organizadora para crear y concretar un protocolo de actuación conjunta.

Aplicación práctica

La empresa SERGU SPC está especializada en garantizar la seguridad personal de sus clientes. Con motivo de la ampliación de sus nuevas técnicas de seguridad ha convocado a algunos de sus clientes más fieles para presentarles los nuevos servicios, así como a importantes personalidades, que debido a su cargo disponen de seguridad propia, con la intención de poder captar algún nuevo cliente. Por tanto, como organizador de esta reunión y debido a que su empresa es especialista en la seguridad, el organizador de esta reunión, ¿cómo debe actuar? ¿Podrá imponer su protocolo de actuación?

Continúa en página siguiente >>

<< Viene de página anterior

SOLUCIÓN

Cuando se organiza una reunión, como bien se sabe, hay que cuidar la seguridad de la misma. Por tanto, el organizador de esta reunión tendrá que fijar unas pautas para velar por la seguridad, pero siempre colaborando con los equipos de seguridad, que serán los máximos encargados de la misma. No obstante, si como ocurre en este caso alguno de los asistentes dispone de seguridad privada propia, ambos equipos (el de la empresa organizadora y el del asistente) deben ponerse en contacto y acordar medidas conjuntas de actuación. Destacar que siempre se actuará así, independientemente del sector al que se dedique la empresa organizadora; por tanto, queda claro que no podrá imponer su protocolo.

Hoteles y transportes

Cuando estos servicios corren a cuenta de la empresa, se puede actuar de varias maneras:

- En el caso de la reserva de **hoteles,** la empresa se puede encargar directamente de tramitar la reserva de la habitación del hotel que considere. En este caso debe pasar al participante toda la documentación necesaria con los datos de la reserva, así como indicar la dirección del hotel. O bien puede optar por enviar una lista con diferentes nombres de hoteles de diversas categorías, donde puede realizar la reserva; en este caso el asistente es quien escoge dónde alojarse.
- Partiendo de la base de que la empresa organizadora será la encargada del servicio de **transportes,** se pueden diferenciar dos modalidades: una referente al traslado del participante desde su lugar de origen hasta la ciudad donde se celebre la reunión; y otra, la relativa al desplazamiento del asistente desde aeropuertos, estaciones o alojamientos al lugar de desarrollo de la misma. Cuando el traslado sea de una ciudad a otra, la empresa organizadora será la encargada de tramitar la compra de los billetes de tren, avión y demás, mientras que cuando se hace referencia al traslado urbano, lo habitual es crear o contratar un servicio de recogida de invitados.

Recursos humanos

Los requisitos del encuentro (reparto de folletos, necesidad de colocación de los asistentes, etc.) así como las características de los invitados (extranjeros, personas con discapacidad, etc.), entre otros, hacen que una reunión pase de necesitar una organización simple a requerir un nivel alto de esta. Para suplir dichas necesidades se suelen contratar servicios de apoyo, tales como azafatas, traductores, intérpretes, técnicos de imagen y sonido, seguridad, servicios extra de mantenimiento, etc.

Outsourcing

No es otra cosa que la subcontratación de terceros, generalmente de empresas especializadas. Con este método la empresa podrá disponer de todos los servicios necesarios para el desarrollo de su reunión sin necesidad de disponer de su propio equipo. Esta actividad resulta más eficiente que mantener equipos propios. Generalmente para el desarrollo de una reunión se requieren subcontratas de azafatas, intérpretes, seguridad, *catering*, alquiler de banderas, de salas, etc.

 Definición

Outsourcing
Es el proceso mediante el cual una empresa externaliza una parte de su actividad, es decir, contrata a una empresa externa para gestionar una parte de la compañía.

5. Terminología utilizada en reuniones, juntas y asambleas

Para el desarrollo de la reunión existen documentos fundamentales que colaboran tanto en su promulgación como en su seguimiento. **Orden del día** y **convocatoria** de la reunión son dos de esos documentos que se oyen con mucha frecuencia en el entorno de organización de reuniones, por ello, a continuación se realizará un estudio de los mismos.

5.1. Orden del día o agenda

El orden del día es una recopilación de asuntos que se han de tratar durante la reunión, con el nombre de los participantes de la misma, la estimación de los tiempos que emplearán cada uno de estos y la duración total prevista para la reunión, entre otros datos de interés para los asistentes. Constituye un instrumento muy valioso que influye en el atractivo de la reunión y facilita la preparación de la participación de cada asistente (ya que el orden del día se entrega a cada uno de ellos con anterioridad a la celebración de la misma, generalmente junto con la convocatoria). Además, durante el transcurso de la reunión, servirá como guía tanto para la presidencia como para quien se encargue de moderar el encuentro, evitando que la reunión se desvíe de los temas pactados.

La elaboración del orden del día puede ser obligatoria o voluntaria. Será obligatoria cuando así lo recojan las reglas de la empresa o cuando al inicio del encuentro se acuerde mediante votación favorable de los asistentes al mismo; en los casos en los que el orden del día sea obligatorio deberán cumplirse durante la reunión todos y cada uno de los puntos que lo conforman sin poder obviar ninguno de ellos ni añadir otro nuevo. Además, en las ocasiones en las que haya un horario de inicio pactado tendrá que ser justo en esa hora en la que dé inicio la reunión, sin poder comenzar antes (incluso si hubiese temas pendientes).

Generalmente se dan como puntos en el orden del día o agenda los siguientes:

- Nombre de la empresa organizadora.
- Tipo de reunión.
- Día, hora y lugar.
- Objetivos o agenda:

  - Apertura de sesión.
  - Revisión y aprobación del acta de la anterior sesión.

▪ Discusión de puntos pendientes.

▪ Debate y aprobación de los puntos de esta sesión (parte principal y de contenido más importante de la reunión).

▪ Acuerdos y firma.

▪ Cierre de la sesión.

 Aplicación práctica

Como secretario o secretaria de la empresa del sector energético AIRES S. L. le han encomendado la organización de una reunión. Demostrando su buen hacer ha elaborado el orden del día, pero llegado el momento de la reunión, justo antes del inicio y con tiempo suficiente para poder afrontarlo, surge un nuevo punto que se debe tratar.

¿Podrá añadirlo al orden del día? ¿Cómo actuará?

SOLUCIÓN

Pues bien podrá actuar de varias maneras. Lo primero será regirse por los estatutos de la empresa. Si estos disponen que el orden del día debe cumplirse estrictamente, no podrá añadir ese nuevo punto surgido, pero sí deberá tenerlo en cuenta para la celebración de la próxima reunión. Incluso si es muy importante podría crear una reunión extraordinaria.

También puede ser que su empresa someta la exigencia del cumplimiento de la orden del día a votación al inicio de la reunión, por lo que según el resultado así actuará:

▪ Cuando el resultado obliga a cumplir con el orden del día establecido, deberá acatar esa decisión y considerar el punto surgido para la próxima reunión.
▪ Cuando la votación es permisiva con el cumplimiento del orden del día podrá añadirla.

5.2. Convocatoria -dentro o fuera de la empresa-. Texto de la convocatoria

La convocatoria es un escrito elaborado por quien se encarga de la organización del evento, en el que se recogen de forma breve y precisa las pautas de la reunión que se va a celebrar, mediante cuyo envío se cita a los invitados para que asistan a ella.

Un requisito muy importante es que la convocatoria se realice con la antelación suficiente para que cada uno de los invitados disponga del tiempo necesario para preparar su participación en la misma. Con respecto al modo de convocar, pueden diferenciarse diversas técnicas, destacando las siguientes:

- **Miembros internos de la organización:** la convocatoria se realizará mediante correo electrónico, y una vez que el receptor confirma su asistencia el sistema crea una alerta recordatoria.
- **Miembros externos:** serán convocados de manera individual mediante correo ordinario.
- **Convocatoria de juntas de accionistas de empresas importantes (bancos, empresas que cotizan en bolsa, etc.):** se realiza mediante la publicación de la misma en el Boletín Oficial del Registro Mercantil y en la página web de la empresa. En caso de no disponer de esta, se debe publicar la convocatoria en el diario de mayor circulación de la localidad donde se encuentra el domicilio social de la empresa.

Finalmente, en la convocatoria deben aparecer los siguientes apartados:

- Reseña del organizador.
- Listado de participantes (convocatoria conjunta) o nombre del participante (convocatoria individual).
- Fecha, hora, duración y lugar (es aconsejable adjuntar un mapa del lugar cuando la reunión no se celebra dentro de la empresa o cuando no es interna).
- Objetivos.
- Orden del día (si es corta se pueden detallar en la misma convocatoria y si no se enviará como documentación adjunta de la convocatoria).
- Otros requisitos: posibles segundas convocatorias, envío de documentación con el fin de facilitar la preparación de la reunión a los participantes, etc.
- Petición de confirmación de asistencia.
- Saludo y firma del organizador.

 **Nota**

En una convocatoria de reunión es muy importante que aparezcan los participantes en la misma y la fecha, hora, duración y lugar de celebración del evento.

 Actividades

7. Señalar para qué sirve el orden del día.
8. Comentar, si las hay, las diferencias que existen entre el orden del día y la convocatoria.

6. El desarrollo de la reunión. Etapas de una reunión. Duración, pausas, almuerzo y otros

Durante el desarrollo de una reunión pueden distinguirse generalmente las siguientes **etapas:**

- **Presentación** de los objetivos y del proceso para tratarlos, así como de los participantes, cuando no se conozcan, justificando el moderador su presencia y qué espera de cada uno.
- **Exposición de la información/opinión:** si hay fijado un orden de intervención se sigue y si no se intervendrá según el moderador distribuya los turnos de participación, garantizando en ambos casos la intervención de todos los asistentes.
- **Aprobación de propuestas:** se evalúan y se toman decisiones de forma consensuada.
- **Cierre:** se realiza un listado con los acuerdos pactados.

En el desarrollo de una reunión un factor muy importante y que hay que tener bien presente es la **duración** de la misma. Al fijar este objetivo se debe ser consciente de que las reuniones tienen que durar lo que necesiten, pero que una vez fijada la duración lo principal es conseguir la meta marcada.

Es aconsejable el establecimiento de un tiempo, pues así los participantes se dispersarán menos. Por otro lado, recordar al organizador que al realizar la estimación de una duración debe considerar tanto el tiempo necesario para exponer los temas (orden del día), así como el que cada uno de los participantes consumirá para exponer sus ideas, y en función a ello proponga una duración que tienda hacia el exceso, ya que de este modo si el evento concluye antes de la hora estipulada los asistentes estarán más satisfechos. Además, el organizador felicitará a los participantes por su efectividad, que les ha llevado a una consecución precoz de los objetivos, teniendo en cuenta ese tiempo para la previsión de la duración en futuras reuniones con los mismos participantes.

Por tanto, dependiendo de cómo se organice una reunión y según los temas y objetivos a alcanzar, la duración será mayor o menor, debiendo considerar el tiempo de las **pausas** o descansos en los casos en que sean necesarias. La duración de cada pausa dependerá del tipo de descanso que se conceda:

- **Pausas para el café:** tiene una duración estimada de treinta minutos, quince minutos en reuniones con pocos asistentes.
- **Pausa para comer:**

  - **Bufé:** donde cada comensal se sirve lo que le apetece. La duración es de una hora.
  - **Comidas:** en las que se sirve plato a plato a cada comensal, con un total de tres platos. La duración será de una hora y media.

 ## Actividades

9. Además de la presentación y el cierre, señalar qué otras etapas se pueden distinguir en el desarrollo de una reunión. Describir en qué consisten todas las etapas.

7. Tipología y funciones de los participantes en una reunión. Dirección, secretario, moderador, tesorero, vocales, presentador, proveedor, cliente y otros

Para el buen desarrollo de una reunión, una de las decisiones más importantes a tomar por el organizador es la correcta selección de los participantes. Por ello, según el tipo de reunión (de ventas, reunión ordinaria, junta directiva, de accionistas, etc.) este optará por unos u otros. No obstante, en la elección de los participantes influye, además de sus conocimientos en la materia, su forma de actuar en la reunión. Este punto es importantísimo, pues según su manera de expresarse, de exponer, en definitiva de participar, la reunión seguirá un curso u otro. Debido a ello el organizador debe conocer las diversas personalidades con las que se puede encontrar y saber cómo tratarlas. Pueden catalogarse del siguiente modo: **tímido, despistado, preguntón, mudo, enredador, inconformista, discutidor y experto,** entre otros.

De otro lado, cada participante desarrollará unas funciones durante la reunión; atendiendo a ello se distinguen: dirección, secretario, moderador o presentador, y otros participantes.

7.1. Dirección

El director o encargado de la dirección será quien tome la decisión de la conveniencia de organizar una reunión. Generalmente participará en las mismas y estará encargado de presidirlas. Su presencia aporta valor a la reunión, provocando un mayor compromiso en el resto de participantes. Entre sus funciones se encuentran:

- Fijar objetivos y temas a tratar.
- Seleccionar a los participantes.
- Establecer los puntos del orden del día y la convocatoria.
- Proporcionar un listado con los medios necesarios para la organización de la reunión: **logística.**
- Firmar las propuestas aprobadas, al finalizar la reunión.
- Valorar la reunión y realizar un seguimiento de los acuerdos adoptados.

 **Importante**

El director establece los puntos del orden del día y la convocatoria en una reunión, encargándose también de fijar los temas que se van a tratar.

7.2. Secretaría

Comparte responsabilidades con la dirección, por lo que ambas tendrán que reunirse con anterioridad al inicio de la reunión para acordar cómo deben trabajar. Quien ejerce la secretaría se encarga de anotar los temas que se van exponiendo y las opiniones e ideas que surgen durante la reunión, pues al final de la misma será quien redacte el acta.

Además de estas funciones, tiene encomendadas otras que deberá realizar:

- **Con carácter previo al día de la reunión:** enviar la convocatoria, preparar la documentación, comprobar la confirmación de asistencia, preparar los medios audiovisuales requeridos, contratación de salas, de servicio de *catering*, etc.
- **El día de la reunión:** comprobar que todo está en orden, es decir, realizará un chequeo de cada uno de los medios que para el desarrollo de la reunión se necesitan (sala, iluminación, sonido, asientos, documentación, etc.), y si algo no está como se previó, tendrá que estar preparado para poder hacerle frente. Además, entre otras de sus funciones está la de confirmar la asistencia de todos los participantes, etc.
- **Tras la reunión:** una vez redactada el acta, la enviará al director o presidente para que este la apruebe previa revisión, y seguidamente mandarla a todo el que le interese.

7.3. Moderador o presentador

Es el encargado de dirigir la reunión y el responsable de que la misma se desarrolle con la normalidad con la que ha sido estructurada. Por ello, es aconsejable que disponga de una lista donde aparezcan bien claros los objetivos y los puntos a tratar, con la duración estimada previamente para cada uno de ellos. Entre sus funciones están:

- Presentar la reunión así como a los distintos participantes.
- Dar confianza y crear un buen ambiente de trabajo.
- Distribuir bien los tiempos y turnos de participación.
- Animar a la participación y evitar la formación de grupos entre los asistentes.
- Alcanzar los objetivos propuestos.
- Cerrar la sesión, haciendo un repaso sobre los temas y actuaciones aprobadas.

Cada reunión requerirá un moderador con un perfil diferente, pero todo moderador debe tener las siguientes cualidades:

1. Ser buen orador (vocalizar, saber sintetizar, etc.).
2. Tener confianza en sí mismo, sin mostrar aires de superioridad.
3. Ser objetivos, manteniéndose imparcial.
4. Saber dirigir.

7.4. Tesorero

El tesorero es la figura encargada de la tesorería de la empresa, es decir, quien debe controlar todos los movimientos de la caja; entre otros estos son: pagos a proveedores, cobros por la realización de la actividad empresarial, movimientos bancarios, etc.

 **Importante**

La tesorería y la contabilidad no son lo mismo, por lo que las funciones realizadas por los miembros de cada uno de estos departamentos serán distintas, aunque estén relacionadas.

Su función durante la reunión consiste en la presentación de la situación de caja y explicación de los principales movimientos, mediante la aportación de datos precisos y actuales.

Será el departamento de contabilidad el encargado de anotar los datos de la tesorería en los libros contables de la empresa, y así dejar constancia de todo ello.

7.5. Vocales

Son miembros que asisten a la reunión, cuya función es simplemente participar en la toma de decisiones, a través de algunas de las siguientes formas:

- Exponiendo su opinión.
- Aportando las investigaciones y estudios llevados a cabo sobre el tema, previo encargo.
- Proponiendo pautas de actuación.

Su participación en las reuniones puede deberse a tres razones: ejercicio de su derecho, por votación o por nombramiento. Es aconsejable que en una reunión existan como máximo treinta vocales. Por último, destacar que a veces tienen derecho a voto.

7.6. Proveedores y clientes

Ambas figuras constituyen dos eslabones de una misma cadena. El **cliente** es la persona, física o jurídica, por la que se crean, fabrican y venden productos y servicios, mientras que el **proveedor** es quien suministra o abastece a la empresa para que fabrique o produzca sus bienes o servicios.

 Nota

La satisfacción del cliente conlleva que el mismo vuelva a comprar, que recomiende los productos o servicios de la empresa que le satisface, así como que se aleje de la competencia.

Por tanto, las reuniones con estos miembros son muy importantes, en gran medida el resultado de las mismas influirá en el desarrollo futuro de la empresa. De un lado, cuando la reunión celebrada supone el primer contacto entre cliente y empresa es fundamental causar una buena primera impresión, por ello hay que ser muy cuidadoso en la organización de la misma y conocer, con antelación, las necesidades del cliente. Por otro lado, con independencia de que se trate de un futuro cliente o de un cliente consolidado, es prioritario alcanzar la satisfacción del mismo, pues como ya se ha comentado los clientes son "la razón de ser" de la empresa y su supervivencia depende en gran medida de ellos. Por ello, en el camino de ofrecer al cliente el mejor producto o servicio hay que ser muy cauteloso en la elección del proveedor y conseguir los mejores resultados posibles en la negociación (productos de máxima calidad-precio), pues sus productos constituyen la materia prima de los de la empresa.

7.7. Otros participantes

Además de toda la tipología de participantes anteriores, en las reuniones se pueden dar otras distintas, entre ellas cabe destacar representantes y vicesecretarios.

Representantes

Los representantes son personas que disponen de facultad para actuar en nombre de otra o de otras. Por lo general, en las reuniones de trabajo se representa al colectivo de trabajadores. En estos casos, la figura del representante es muy aconsejable y casi fundamental, pues debido a que el grupo es amplio, la participación de cada uno de ellos así como ponerlos de acuerdo durante la misma será un objetivo difícil de alcanzar, por lo que habrá que nombrar a alguien que hable en nombre de todos, consiguiendo que la reunión sea más efectiva.

Vicesecretarios o vicesecretario

Son cargos cuya principal función es la de sustituir a quien ejerce la secretaría cuando esté ausente. Además como figura inmediatamente inferior al secretario, también podrá colaborar en el desarrollo de las demás funciones que lleve a cabo su superior.

 Recuerde

En las reuniones puede haber una amplia variedad de participantes, con funciones dispares, pero las funciones que siempre deben estar representadas y deben desarrollarse son las que pertenecen a la dirección, al secretario y al moderador.

8. El papel del secretario el día de la reunión: preparar, comprobar y atender

En el desarrollo del epígrafe anterior se ha visto que el secretario juega un papel muy importante en la empresa, ya que el director delega en este muchas de sus responsabilidades.

 **Nota**

La palabra secretario proviene del término latino "secretarium", que desde el siglo XV es utilizado para denominar a los empleados de gran confianza.

Pues bien, llegado el día de la reunión, el secretario deberá presentarse en el lugar de celebración con tiempo suficiente para asegurarse que todo esté listo y conseguir que la reunión transcurra según lo planificado.

8.1. Comprobaciones y preparación: últimos retoques

Ya se ha planificado y preparado la reunión, se sabe qué se persigue, cómo debe desarrollarse y dónde debe estar todo. Por tanto, es el turno de quien desempeña la secretaría para comprobar y realizar los últimos preparativos. Debido al elevado número de aspectos a revisar es aconsejable la realización previa de una lista con cada uno de los elementos a tener en cuenta, evitando de este modo obviar nada.

A continuación, se describen las pautas que se pueden seguir.

La sala

Es el espacio donde se celebra la reunión y, por tanto, la primera imagen que recibe el asistente del organizador, por ello es fundamental que se adecue a la imagen de profesionalidad que desee transmitir. Dentro de la sala los componentes que hacen que la proyección de la imagen sea la deseada son, entre otros, las mesas y asientos; estas deben estar distribuidas según la forma por la que se haya optado y con los asientos perfectamente ordenados.

Además, antes de comenzar, en reuniones formales, sobre la mesa debe haber: las tarjetas de identificación de los participantes, una botella de agua junto a su copa, bolígrafo y papel, la documentación necesaria para cada uno de los participantes, así como el adorno floral en el caso en que se opte por su uso.

Iluminación y ruido

Hay que asegurarse de que la sala está perfectamente iluminada, así como de que podrá quedarse a oscuras por si se diese el caso de que algún participante lo requiriera, y también que se controla el cuadro de luces.

Los ruidos provocan que los participantes se distraigan, por tanto es fundamental evitar todo tipo de ruidos (externos, de aparatos internos, etc.).

Temperatura y ventilación

Se puede optar por el empleo o no de aires acondicionados, pero independientemente de la elección hay que garantizar una temperatura adecuada durante el transcurso de la reunión. Respecto a la **ventilación,** es importante, pues evita la concentración de posibles malos olores.

Decoración

En este punto se hace referencia a los centros florales (los situados en el suelo), a las banderas o a los paneles corporativos, entre otros, cuando se haya planificado su uso. Hay que asegurarse que ocupan el lugar designado para ello.

Medios audiovisuales o informáticos

Hay que comprobar que todos los aparatos que se van a utilizar funcionan correctamente. Para ello se debe supervisar la disposición de todos los medios necesarios, funcionamiento adecuado de los mismos, su correcta conexión (red eléctrica e Internet), el nivel óptimo del volumen, si su posición es la adecuada para la perfecta visibilidad, documentos objeto de la presentación, etc.

Regalos

Cuando en la preparación de la reunión se acuerde la entrega de algún detalle al final de la misma, antes de iniciarla, el secretario deberá comprobar que están preparados para su entrega.

Catering **y bebidas**

También se encargará de colocar los utensilios necesarios, así como la comida y bebida que se vaya a ofrecer, siempre que no se haya contratado el servicio de *catering*.

 Aplicación práctica

Eva, como secretaria de la empresa donde trabaja, está encargada de la organización de una reunión. Para ello ha contratado el alquiler de una sala que se adecue a las necesidades de la reunión. Ella cuando contrató la sala comprobó que todo estaba en orden, por lo que en su lista de preparativos marcó que todo estaba correcto, despreocupándose de la misma y no acudiendo más al recinto hasta el momento de la celebración de la reunión, que concluyó con felicitaciones a Eva por su magnífica organización.

¿Ha actuado correctamente? ¿Por qué?

SOLUCIÓN

No ha actuado correctamente, puesto que no realizó las comprobaciones oportunas sobre la sala en los momentos previos al inicio de la reunión. Desde que reservó la sala hasta la celebración de la reunión podrían haber surgido cambios en el recinto que ella no comprobó; si esto hubiese sucedido la reunión podría haber sido todo un fracaso.

8.2. Atención a los asistentes

Otra de las actividades que tiene que realizar el personal de secretaría es recibir y atender a los participantes. El lugar de celebración de la reunión debe estar señalizado de forma clara. El personal de secretaría estará encargado de recibir a cada uno de los participantes, presentándose cuando no se conozca a cualquiera de ellos, y registrará a todos en la lista elaborada previamente. En ese mismo momento le hará entrega de la documentación necesaria y le informará de las posibles eventualidades.

Si al verificar los datos con algún asistente hubiese cometido un error y observa que se produce una cola de espera, debe apartarse a otro lugar con el asistente hasta solucionar el fallo. Por otro lado, si alguno de los participantes cuya presencia es importante se retrasa, el personal de secretaría deberá localizarlo y averiguar el motivo del retraso, informando al resto de participantes de dicho retraso y así dará inicio a la reunión. No obstante, durante la misma dicho personal estará atento a la llegada del participante que no llegó a tiempo y se encargará de acompañarlo dentro de la sala, para que tome su asiento.

Por último, será el personal de secretaría el encargado de ordenar y recoger la sala tras finalizar la reunión.

9. La evaluación de la reunión. Actuaciones posteriores a la reunión

Aunque en muchas ocasiones pueda pensarse que la reunión está finalizada una vez alcanzados los acuerdos, esta idea es errónea, pues existen otras actuaciones que deben llevarse a cabo tras la reunión. Algunas de estas son las que se describen a continuación.

9.1. Cuestionario de evaluación

Es un documento que recoge una serie de preguntas acerca de diversos aspectos de la reunión (moderador, organización, sala, material, etc.), que quien organiza el encuentro repartirá de forma individualizada a cada uno de los asistentes y donde estos reflejarán su opinión sobre cada pregunta. Su elaboración se lleva a cabo con antelación.

Importante

Los cuestionarios de evaluación son una herramienta de gran valor para poder analizar si un evento se ha llevado a cabo de forma eficiente, y para corregir posibles errores.

Por lo general se trata de preguntas cerradas aunque reservan un espacio abierto por si el encuestado quisiera expresar algo más, y se entregan al final de cada sesión o reunión, pudiendo ser cumplimentados en el acto o bien enviarlos por correo. Suelen ser anónimos, pues el fin de los organizadores es obtener una evaluación sincera sin interesarle quién es el que opina.

La justificación de su existencia viene dada porque para la organización su principal objetivo, aparte de conseguir sus metas, es el obtener la máxima satisfacción de cada asistente. Por lo tanto, si del resultado de los cuestionarios se obtienen errores en un número significativo ello indica que algo falló en la planificación. Por lo que, partiendo con esta nueva información para futuras reuniones, la organización se centrará y tendrá en cuenta los errores del pasado con el fin de subsanarlos y así conseguir la organización de una reunión exitosa.

Actividades

10. El cuestionario de evaluación de la reunión se pasa una vez concluida la misma. Señalar para qué sirve.

9.2. Acta resumen: elaboración del borrador, envío y libro de actas

Es el documento que refleja los temas tratados y acordados durante la reunión. La persona encargada de redactarla será el secretario de la reunión, quien, con el fin de la elaboración del acta, ha estado tomando notas sobre los aspectos importantes de la reunión. Generalmente se redactan al final de la reunión aunque también se puede hacer un poco después. No obstante, esta primera redacción no es el acta en sí, sino el **borrador** del acta; el borrador será revisado por el presidente o director, quien habrá estado presente en la reunión, y será el encargado de aprobarlo. Tras la aprobación del presidente y considerando, cuando existan, las alegaciones, se redactará el **acta final,** de la que se realizarán tantas copias como asistentes fueron invitados, pasando al posterior envío de las copias a cada uno de los asistentes. Por último, aunque pueden ser independientes, las actas se recogerán en el **libro de actas** de la entidad, debiendo estar perfectamente enumeradas e identificadas con la inscripción de la fecha de realización en la parte superior de cada folio.

El acta deberá recoger los siguientes puntos:

- Nombre de las personas que han acudido a la reunión.
- Lugar y hora de celebración.
- Orden del día.
- Resumen de los temas tratados.
- Acuerdos aprobados.
- Hora del final de la reunión.
- Firmas de quien ejerce la secretaría y de quien dirige o preside.

Ejemplo

A continuación, se presenta una imagen del acta de una reunión empresarial, como ejemplo de la estructuración que deben seguir las mismas, tal y como ha indicado anteriormente:

ACTA DE REUNIÓN EXTRAORDINARIA DEL COMITÉ DE SEGURIDAD Y SALUD DE COFARES-FUENCARRAL EL 10.02.12

Asistentes:

Personal designado por la Empresa.
Luis Benavente Hernández

Miembros del Comité.
Manuel Capilla Navas
Antonio Torralbo Linares

Servicio de Prevención Cofares
Mª del Mar Duran Cruz
Carmen Romero Rosa

Delegados Sindicales
Sergio García González (USO)

REUNIÓN EXTRAORDINARIA

Orden del día:

Equipos de trabajo del picking por voz.

Los Delegados de Prevención solicitan que en la puesta de Envase de Origen, que se realiza con terminal de Radiofrecuencia y un sistema de picking por voz, se haga entrega de un equipo de trabajo individual (cascos).

La Representación de la Empresa indica la dificultad que supone dicha entrega para los trabajadores/as que eventualmente puedan desarrollar la puesta de EO, pero añade que para las personas que habitualmente ponen ésta puesta, se hará entrega de dicho equipo de trabajo individualizado.

Finalmente se acuerda por el comité de Seguridad y Salud seguir un procedimiento de entrega de los equipos de trabajo completo, es decir, cascos con almohadilla, para todos los trabajadores/as que habitualmente realizan la puesta del Envase de Origen.

Para aquellos trabajadores/as que eventualmente realicen dicha puesta, se les hará entrega de unas almohadillas y se desinfectará el resto del equipo con toallitas hidro-alcohólicas, en su presencia.

Finaliza la reunión a las 13:45.

Ejemplo de acta de reunión

9.3. Informe

Es un documento que sintetiza la reunión, y se utiliza para obtener nuevas conclusiones o por mera información. La elaboración de este documento suele ser encargada por un superior, y quien la elabora debe firmarlo. Todo informe debe iniciarse con la presentación del tema, consiguiendo la situación de la reunión, tras ello se pasa a enumerar los objetivos marcados, indicando su consecución o no; también reflejará la aparición de problemas y cómo se han solventado. En muchas ocasiones puede reflejar una valoración propia de quien redacta. Por último, cabe la posibilidad de que contengan diagramas que ayudarán a analizar e interpretar el informe.

9.4. Informe económico

Es un documento que contendrá la cuenta de pérdidas y ganancias de la reunión. De su elaboración se encargará el equipo financiero y será útil para ajustar más la elaboración de presupuestos futuros.

 Importante

El informe económico y el presupuesto son documentos económicos distintos. Mientras que el informe económico muestra los datos reales, el presupuesto recoge estimaciones de los gastos e ingresos de una reunión.

9.5. Seguimiento de acuerdos

Como ya se ha comentado, la decisión de llevar a cabo una reunión se debe al deseo de alcanzar ciertos objetivos, establecidos con anterioridad al inicio de la misma. Pues bien, cuando la reunión es exitosa, además del establecimiento de acuerdos, también se fijarán las pautas para llevarlos a cabo, así como se realizará un seguimiento para comprobar que se cumple lo marcado.

Para ello quien realice el seguimiento deberá:

■ Conservar, con sus oportunas actualizaciones, la lista de acuerdos alcanzados en la reunión.

■ Requerir al personal correspondiente información sobre el alcance de los acuerdos, es decir, saber el estado de la ejecución de los mismos (iniciado, en proceso o finalizado).

■ Informar a los demás miembros partícipes de la reunión de la situación en la que se encuentran los acuerdos.

 Nota

Es importante señalar que una reunión cuyos acuerdos no se lleven a la práctica no vale para nada.

9.6. Archivo del dosier de la reunión

Como último paso, hay que guardar una copia del acta junto al resto de la documentación elaborada para la reunión, formando un dosier de la misma, que se archivará en el lugar que la empresa tiene reservado para ello, junto con los dosieres de reuniones anteriores; permitiendo realizar consultas sobre los aspectos tratados en la reunión en algún momento posterior.

10. Resumen

Las reuniones son un instrumento muy valioso para las empresas, pues en ellas se toman decisiones que influyen directamente sobre la evolución de la entidad. Con el paso del tiempo, sus gerentes se han dado cuenta de ello, tomando consciencia de la repercusión que una buena organización causa sobre los resultados empresariales.

Indistintamente del tipo de reunión que se aborde, todas deben seguir unas pautas semejantes para su correcta y necesaria organización; estas son: planificación, preparación, desarrollo, control y evaluación.

De la organización se encargará la secretaría o responsables de organización en función del patrón marcado por el director o jefe de la empresa. Según el tipo de reunión a celebrar, asistirán unos u otros participantes, por tanto para cada reunión se estudiará bien a quienes se necesitan. Una vez seleccionados deben ser convocados con tiempo suficiente para que preparen su participación en la misma.

Con lo que respecta a las instalaciones donde se celebrará el encuentro y todo lo que le rodea, se debe ser muy cuidadoso y tener clara cuál es la imagen que se quiere mostrar. En función de ello se habilitará la sala.

El moderador tiene que cumplir con los puntos del orden del día, mediante técnicas que lleven a la reunión hacia la consecución de los objetivos, entre ellos destacar la satisfacción de los asistentes.

Clausurada la reunión, su organización finalizará con la redacción del acta, realizada por el secretario y aprobada por el director, que la firmará, y una vez firmada será archivada en el libro de actas de la empresa.

Ejercicios de repaso y autoevaluación

1. Relacione los siguientes conceptos:

    a. Reunión a principios de semana entre jefe y subordinados.
    b. Reunión en la que el jefe comunica una nueva técnica de producir.
    c. Reunión para transmitirle a nuestro superior ciertos problemas que han surgido durante el proceso de fabricación.
    d. Reunión en la que el jefe informa sobre los nuevos y mejorados incentivos por ventas.

    __ Reunión de información ascendente.
    __ Reunión de información descendente.
    __ Reunión informal.
    __ Reunión de ventas.

2. Indique por qué es conveniente, cuando se convoca a un invitado, informarle sobre los puntos y temas a tratar.

    _____
    _____
    _____
    _____

3. ¿Cuáles son los objetivos de una reunión?

    _____
    _____
    _____
    _____

4. ¿Por qué hay que ayudarse de cierto material de apoyo durante la exposición de un tema en una reunión?

_____

_____

_____

_____

5. De los siguientes medios audiovisuales señale cuáles necesitan para su correcto uso que la sala esté a oscuras:

    a. Retroproyector. _____

    b. Televisión. _____

    c. Diapositivas. _____

    d. Pizarra Velleda. _____

    e. Presentaciones. _____

6. De las siguientes oraciones, indique cuál es verdadera o falsa. Ante las falsas justifique su respuesta.

    a. Las reuniones informales se denominan así porque no precisan de requisitos de planificación previos.

        ☐ Verdadero
        ☐ Falso

_____

_____

_____

_____

    b. Las reuniones ordinarias se celebran de modo habitual.

        ☐ Verdadero
        ☐ Falso

_____

_____

_____

_____

c. Se pueden catalogar como reuniones medias a los grupos de decisión, comité de empresas y las reuniones de ventas.

☐ Verdadero
☐ Falso

_____
_____
_____
_____

d. Las reuniones extraordinarias debido a su carácter eventual de celebración se consideran menos importantes que las reuniones ordinarias.

☐ Verdadero
☐ Falso

_____
_____
_____
_____

e. El coloquio es una charla entre especialistas.

☐ Verdadero
☐ Falso

_____
_____
_____
_____

7. Complete la siguiente definición:

Congreso:

Reunión de un _____ número de personas, cuya intencionalidad es _____ y dirigida a un _____ específico. Tiene el _____ de difundir _____ sobre una temática _____.

8. Si como ponente de una reunión quiere realizar una presentación, ¿qué medidas debe adoptar para asegurar que todo saldrá como se espera en el momento de la presentación?

_____

_____

_____

_____

_____

_____

_____

9. Está organizando una reunión y se encuentra en el punto de estructuración de las mesas y asientos, y sabe que el objetivo es que todos los participantes puedan verse perfectamente y que se dispone de una sala espaciosa pero no exagerada. Como organizador profesional que es usted, ¿qué estructura aconseja? ¿Por qué?

_____

_____

_____

_____

10. Indique si la siguiente afirmación es verdadera o falsa:

"Como en las empresas el tiempo es un recurso muy preciado, durante las reuniones no se deben realizar pausas pues se consideran una pérdida de tiempo".

☐ Verdadero
☐ Falso

11. ¿En qué consiste el *outsourcing*? ¿Para qué se utiliza?

_____

_____

_____

_____

12. Según el tipo de reunión que se celebre, una convocatoria será de un modo u otro. Especifique la técnica seguida para las siguientes reuniones:

    a. Para miembros internos de la organización.

    _____

    _____

    b. Para miembros externos.

    _____

    _____

    c. Convocatoria de juntas de accionistas.

    _____

    _____

13. Señale, según la duración de cada descanso, qué tipo de pausa se ofrece:

    a. 30 minutos. _____

    b. 1 hora y 30 minutos. _____

    c. 1 hora. _____

14. Enuncie las cualidades que debe tener el moderador de una reunión.

    _____

    _____

    _____

    _____

    _____

15. De las siguientes oraciones, indique cuál es verdadera o falsa.

    a. El papel del secretario es muy importante para el buen desarrollo de la reunión.

        ☐ Verdadero

        ☐ Falso

b. Si con anterioridad al día de la celebración de la reunión, el secretario ya ha comprobado que todos los medios relacionados con la logística cumplían con su cometido, no necesitará volver a hacer nuevas comprobaciones.

☐ Verdadero
☐ Falso

c. Siempre que la temperatura en la sala sea la adecuada, no será necesario preocuparse por la ventilación de la misma.

☐ Verdadero
☐ Falso

d. Al inicio de una reunión se deberá realizar la presentación de los asistentes cuando estos no se conozcan.

☐ Verdadero
☐ Falso

e. Una vez que la reunión ha terminado se puede considerar que su organización ha concluido también.

☐ Verdadero
☐ Falso

f. Los cuestionarios de evaluación se pueden realizar en el momento o bien con posterioridad, entregándose mediante correo.

☐ Verdadero
☐ Falso

g. Con los cuestionarios de evaluación los organizadores obtienen información para reuniones futuras.

☐ Verdadero
☐ Falso

h. El acta de la reunión es redactada por el secretario, por lo que no precisa de la aceptación del director o jefe de la reunión.

☐ Verdadero
☐ Falso

i. El acta, como documento resumen que refleja los acuerdos aprobados, no deberá incluir los puntos del orden del día.

☐ Verdadero
☐ Falso

j. El documento que refleja la cuenta de pérdidas y ganancias se llama informe.

☐ Verdadero
☐ Falso

Capítulo 2
La negociación

Contenido

1. Introducción

Por norma general, cuando se oye el término **negociación** se relaciona inconscientemente con el ámbito laboral, exactamente con el sector empresarial. No obstante, es un procedimiento que tiene lugar en casi todas las áreas de la vida. Los acuerdos de separaciones matrimoniales, el contrato de trabajo, las condiciones de pago a proveedores, los juicios, etc., son solo algunos ejemplos de negociación. Saber negociar va a permitir la obtención de mejores resultados en cualquier ámbito cotidiano, consolidando las relaciones y, además, evitando futuras dificultades.

Este capítulo se centrará en la negociación como parte fundamental de las reuniones. Por tanto, se debe entender como un proceso mediante el que las partes resuelven conflictos y acuerdan pautas de actuación, con el fin de obtener resultados válidos para los intereses de las mismas.

Como todo proceso, la negociación debe seguir unas normas. Se deben cumplir una serie de condiciones para que se obtengan los objetivos fijados por los interesados. Cada negociación tiene un propósito diferente, por tanto también deben fijarse unas pautas distintas.

En concreto, la negociación se puede definir como el procedimiento mediante el que dos o más partes tratan sus diferencias con el fin de alcanzar un objetivo satisfactorio para todas las partes.

2. Elaboración de un plan de negociación

Para elaborar un **plan de negociación** es fundamental conocer con exactitud en qué consiste la negociación y cuáles son algunas de sus características fundamentales. La **negociación** es el proceso mediante el que dos o más partes en conflicto, y a su vez con intereses comunes, se reúnen para, a través de la proposición de alternativas y soluciones, alcanzar un acuerdo beneficioso para las partes integrantes.

 **Importante**

Para una negociación es importante tener una comunicación verbal fluida, saber preguntar y usar un lenguaje sencillo y claro.

La obligación de negociar se crea porque nace una necesidad entre las partes de conseguir algo que la otra posee, y que por sí sola no alcanzaría tan buenos resultados como los que obtendría de una buena negociación. Para ello, existen ciertas características que contribuyen en el resultado exitoso de la negociación, como son:

- La **comunicación verbal:** debe ser fluida, con la participación de todas las partes, y respetando el turno de palabra de los demás (es fundamental saber escuchar). La mayor o menor atención prestada al discurso de la otra u otras partes contribuye a la búsqueda de puntos comunes; es decir, si se escucha con atención a los oponentes se identificará cuál es la posición de la que parte cada uno, con el consiguiente planteamiento de propuestas satisfactorias para todos, y se agiliza la negociación.
- **Saber preguntar:** un negociador debe ser una persona segura, y para ello es fundamental saber preguntar. En las negociaciones amistosas existen ocasiones en las que el temor del negociador es poder incomodar al oponente con alguna de sus preguntas. Estos miedos no existen si el mismo sabe preguntar, pues conoce bien cuándo debe insistir y cuándo no, qué preguntas puede o no realizar y cuál es el momento preciso de formularlas. No obstante, cuando lo que se pretende en la negociación es incomodar al oponente, también es importante saber preguntar, pero en esta ocasión el objetivo es formularle cuestiones que le pongan nervioso.
- **El lenguaje:** es recomendable que sea sencillo y expresado de forma clara. El fin de la negociación es alcanzar los objetivos y para ello lo ideal es favorecer la comunicación, de modo que el interlocutor entienda lo que se le dice.

Todo lo anterior muestra la importancia de la negociación, por el resultado que de la misma pueda obtenerse. Como consecuencia es obvia la necesidad de prepararse la negociación antes de participar en ella. Para ello, se ha creado el **plan de negociación,** consistente en el establecimiento de las actuaciones que se van a llevar a cabo durante la negociación, resultado de un amplio análisis previo de todos los factores que influyen en la misma: objetivos, estrategias a seguir, tácticas para alcanzarlas, poder del que se dispone frente a las demás, conocimiento de la parte contraria, así como demás instrumentos no visibles pero colaboradores en la consecución del éxito.

La planificación escalonada de la negociación ayuda en la consecución de los objetivos.

2.1. Sala de reuniones

Su espacio vendrá dado por el número de asistentes, de ahí la importancia de confirmación de los mismos. Se reservarán unos 2 m^2 por persona.

La iluminación debe permitir el efecto que el organizador desee. Por un lado, la **luz tenue** proporciona intimidad colaborando con la negociación, y hace que los asistentes durante su exposición se sientan menos examinados. Y por otro, la **luminosidad** de la sala, que se emplea cuando el organizador ejerce el rol dominante.

En el caso de la acústica, es aconsejable que la sala esté insonorizada. De este modo se evitan ruidos externos y se dispone de una buena acústica interna.

La temperatura debe situarse entre los 18 y 22 °C. El exceso de frío o de calor afecta a los asistentes, provocando distracción y malestar.

El material de apoyo debe ser el requerido y acordado por los ponentes.

La distribución de la mesa así como su tamaño depende tanto del número de diferentes corporaciones que participan en la negociación, es decir, las distintas partes, como de la cantidad total de componentes que conforman cada una de ellas. A cada corporación le corresponde una parte o módulo de la mesa (de manera que todos puedan verse), y dentro del espacio reservado para cada una los miembros se ubicarán en función del poder o cargo que cada uno de ellos ejerza, según marca el protocolo. La entidad organizadora al establecer la posición de los demás miembros no podrá situarlos de manera que le aporte ventajas sobre los demás.

El lugar ocupado en la mesa:

- Refleja el nivel jerárquico.
- Fomenta la táctica de actuación.
- Manifiesta la postura estratégica que seguirá cada parte.
- Influye en el logro o no de acuerdos.

A continuación, se muestran algunas de las posturas que pueden adoptarse en función del tipo de mesa.

Mesa rectangular

Es la que ofrece más alternativas, reflejando perfectamente la jerarquización. Generalmente las posiciones intermedias las ocupan los asistentes del nivel jerárquico inferior, quedando los extremos reservados para los líderes (postura de líderes enfrentados), excepto cuando el líder no desea destacar, que se situará en los lugares intermedios (acercamiento), permitiéndole su posición analizar mejor a la otra parte.

Ejemplo de colocación de una mesa rectangular

Mesa redonda

A simple vista, debido a la equidistancia entre los miembros de la mesa, puede parecer que todos disponen de la misma categoría jerárquica. Sin embargo, esto no es así. Siempre existe un líder, una posición jerárquica privilegiada, organizándose a partir de él la distribución de la mesa. De este modo, queda reservado el asiento de su derecha para el miembro con cargo jerárquico inmediatamente inferior al del líder y el de la izquierda al segundo inferior, disminuyendo alternativamente (derecha-izquierda) conforme los puestos se alejan de la posición del líder.

 Importante

En una mesa redonda el líder de la organización debe tener una posición jerárquica, organizándose a partir del él toda la distribución de participantes.

La oposición estará constituida por el mismo número de miembros que el equipo organizador, y se sentará justo enfrente, siguiendo el orden establecido para el líder.

Ejemplo de mesa redonda para una negociación

Por último, hay que destacar que en algunas ocasiones la negociación necesitará de la disposición de una sala contigua donde poder deliberar para alcanzar el acuerdo.

2.2. Lugar de celebración

Dependerá de la cantidad de asistentes que participen en la negociación. Hay que recordar que la sala de negociación puede pertenecer a las instalaciones de la empresa organizadora, las instalaciones del líder opositor o bien se puede optar por una sede neutra para ambas partes.

Las negociaciones celebradas en un espacio neutro ofrecen mayor paridad entre los asistentes, mientras que las celebradas en una sede de la empresa organizadora aportarán ventaja al organizador. A pesar de ello (el organizador desarrolla la negociación en su sede) no todo serán ventajas para él, pues la otra parte (invitada) podrá plantear cuestiones, solicitar información, requerir la demostración de algún proceso, etc.; en definitiva, realizar actuaciones no previstas por el organizador, quien por estar en su sede se verá obligado a tomar decisiones sobre la marcha, asumiendo el riesgo de no obtener los resultados deseados. Así mismo, si la negociación se desarrolla en la sede de la parte contraria la ventaja del organizador vendrá dada por las presiones que este ejerza sobre el oponente: podrá obligarle a tomar decisiones *in situ,* le conocerá mejor pues ve cómo actúa en su entorno, así como podrá solicitar el aplazamiento de la negociación por falta de información en el momento.

 **Importante**

Hay que ser asertivo y no aceptar una negociación cuando las circunstancias son desfavorables.

2.3. Horario

En función de la hora seleccionada para celebrar la reunión, las negociaciones serán más o menos efectivas. Las primeras horas del día proporcionan un máximo rendimiento, pues los asistentes llegan más activos y descansados. Mientras que la hora de la sobremesa debe evitarse siempre que se pueda. En esta hora los asistentes están pesados por efecto de la digestión.

Otra hora nada recomendable es la próxima al fin de la jornada laboral, ya que los asistentes acumulan el cansancio y estrés de todo el día y no podrán concentrarse.

2.4. Agenda

Es la guía que recoge los temas que van a desarrollarse durante la reunión. Permite a cada participante planificar su intervención con anterioridad al inicio de la negociación, así como conocer el tiempo que emplearán los demás en sus intervenciones, siempre y cuando las partes se reúnan con anterioridad a la misma y establezcan las pautas a seguir. La agenda debe contener como mínimo los siguientes puntos:

- Lugar, fecha y hora de celebración.
- Temas a tratar.
- Pautas de la intervención del negociador que elabora la agenda, es decir, las tácticas y estrategias que seguirá durante su negociación.
- Nombre de cada participante y previsión de la duración de su intervención. Hay que recordar que esta última estimación será posible siempre

y cuando las partes se hayan reunido previamente y así lo hayan establecido.

- Estimación de las pausas.
- Hora programada de finalización.

2.5. Pausas

Se pueden distinguir dos tipos de pausas: las empleadas para tomar café o para comer algo. Este tipo de pausa sirve para que los negociadores se despejen y alivien presiones. Su estimación es de treinta minutos y de una hora o una hora y media, respectivamente.

Las otras son pausas requeridas por el proceso de negociación, destinadas a la toma de decisiones sobre los asuntos que se tratan.

3. Tipos o niveles: interpersonal, empresarial y política

La negociación está presente en muchos momentos del día a día de cada persona. En la mayoría de estas ocasiones no se es consciente de estar negociando. No obstante, no toda negociación es idéntica. Se pueden distinguir diversos tipos o niveles.

A continuación, se desarrollan tres campos que con frecuencia disponen de la negociación:

- **Negociación interpersonal:** es la que se realiza en el día a día de las personas, incluso varias al mismo tiempo. En multitud de ocasiones casi sin tener consciencia de estar negociando, pues estas constituyen la rutina de cada individuo. Un buen ejemplo es el escolar que aprueba todo porque sabe que así obtendrá una recompensa que él desea.
- **Negociación empresarial:** se trata de negociaciones organizadas que se dan dentro del ámbito empresarial, de ahí que puedan diferenciarse infinidad de negociaciones recogidas en esta categoría. Algunas de ellas pueden ser: de ventas, de compras, de condiciones laborales, de *marketing*, etc. Un ejemplo de este tipo es la negociación que se lleva a

cabo entre trabajadores y el jefe de la empresa con el fin de modificar el horario de la jornada laboral.

- **Negociación política:** es la que llevan a cabo las personas que pertenecen a los partidos políticos. Pueden darse dentro del ámbito nacional o bien en el entorno internacional. En ellas se tratan temas relacionados con los ciudadanos, lo civil, lo público y lo social. De esta clase son las negociaciones en las que se acuerda que la Comunidad Europea concederá subvenciones para la práctica de la agricultura en algunos países de la Comunidad como, por ejemplo, España.

 Sabía que...

El vocablo "político" proviene de los tiempos en que los griegos estaban organizados en ciudades estado, llamadas polis, nombre del cual se derivaron palabras como *politiké* (política en general) y *politikós* (de los ciudadanos o perteneciente a los ciudadanos), que se extendieron al latín *politicus* y llegaron a las lenguas europeas modernas a través del francés *politique*.

4. Participantes: directamente, con representantes y con conciliador, mediador o árbitro

Constituyen el elemento fundamental de la negociación, pues son quienes la desarrollan. Su forma de actuar es muy importante para el transcurso del procedimiento. En función del número de participantes, así como la envergadura de los temas que protagonizan la negociación, se pueden distinguir los siguientes modos de participación:

1. **Participación directa:** generalmente se emplea cuando la negociación incumbe a un reducido grupo de personas, bastando con la presencia de los interesados para solucionar el conflicto.
2. **Participación con representantes:** en las reuniones donde se negocian temas que afectan a un número elevado de personas, estas suelen valer-

se de un representante que negocie por ellos, transmitiendo sus deseos y actuando como el grupo acuerde. El uso del representante hace que la negociación sea más ágil que si tuviesen que participar todos y cada uno de los representados. Un ejemplo de reuniones en las que se emplean representantes son en las que se negocian intereses de un colectivo de trabajadores.

3. **Participación con conciliador, mediador o árbitro:** hay negociaciones en las que se prevé que la consecución de un acuerdo común que satisfaga a las partes va a ser una tarea compleja. Para estos casos existen figuras como la del mediador, el conciliador o el árbitro, cuya finalidad común es encaminar a las partes hacia la obtención de un acuerdo satisfactorio para todas. Ahora bien, así como poseen un fin común también tienen características que los diferencian, quedando definidas de la siguiente manera:

■ Mediador: es quien desde una postura neutral animará a las partes hacia la obtención de un acuerdo satisfactorio para todos; para ello podrá sugerir alternativas.

Reflejo de la consecución de un acuerdo entre dos partes con la participación de un mediador durante la negociación

■ Conciliador: es una persona de confianza tanto para el negociador como para la otra parte, que actúa como conductora de un mensaje entre ambos; además podrá implicarse en la obtención de soluciones e inducir a las partes hacia la obtención de un convenio.

▮ Árbitro: tercero con potestad para dictaminar una resolución, bien por solicitud de las partes, **voluntario,** o bien por imposición legal o contractual, **obligatorio.**

 Nota

Mediante el uso del arbitraje está asegurada la consecución de un acuerdo, no así con la participación del mediador y del conciliador.

 Actividades

1. Indicar cuándo la participación en una negociación se hace directamente, mediante representante y con conciliador o moderador.

5. Fases de la negociación

Se ha visto que la negociación está presente en la vida diaria de las personas, siempre que haya discrepancias entre varias partes sobre unos intereses comunes y se esté de acuerdo en alcanzar un punto de equilibrio.

No obstante, el conflicto no siempre es tan sencillo de resolver, dando lugar al empleo del **proceso de negociación,** que comenzará cuando las partes interesadas expongan sus posturas acerca de un tema concreto, resultando un desencuentro entre ellas que les obligará a negociar. Este proceso sigue unas pautas y está constituido por tres fases:

1. Preparación.
2. Gestión o desarrollo.
3. Cierre.

5.1. Preparación: obtención de información, diagnóstico de la situación, valoración del poder de negociación, fijación de objetivos y planeamiento de la estrategia

Constituye la primera fase del proceso y es el período precedente al inicio de la negociación. En esta fase hay que recopilar toda la información necesaria, así como establecer cuál será la posición adoptada. Un conocimiento exhaustivo de sí mismo, de los intereses a defender, así como de los opositores, dará una mayor confianza a la hora de intervenir en la negociación y agilizará el desarrollo de la misma.

Obtención de información

El objetivo es realizar un proceso de captación de información absoluto, pues de este modo se estará más preparado para negociar, con lo que se podrán conseguir ventajas sobre la otra parte negociadora, incrementando la probabilidad de alcanzar un acuerdo mejor.

En la búsqueda de información será útil tanto la relativa a la parte que investiga como la relacionada con la otra parte. En la actualidad, es muy fácil y rápido poder encontrar lo que se busca gracias a la difusión de información a través de Internet. No obstante, también se podrá captar información mediante otros métodos o soportes como pueden ser la prensa, contratando investigadores, en oficinas de información, mediante expertos en la materia, etc.

Diagnóstico de la situación

Una vez recopilada toda la información necesaria, se pasará al diagnóstico de la situación; es decir, se realizará un estudio donde se distingan cuáles son los puntos fuertes y débiles de ambas partes. Para ello, es habitual y aconsejable emplear el método DAFO. A través de este análisis se conocerán las debilidades (D) y fortalezas (F) de quien lleva a cabo la preparación de la negociación, y las amenazas (A) y oportunidades (O) de la parte contraria.

Representación del análisis DAFO

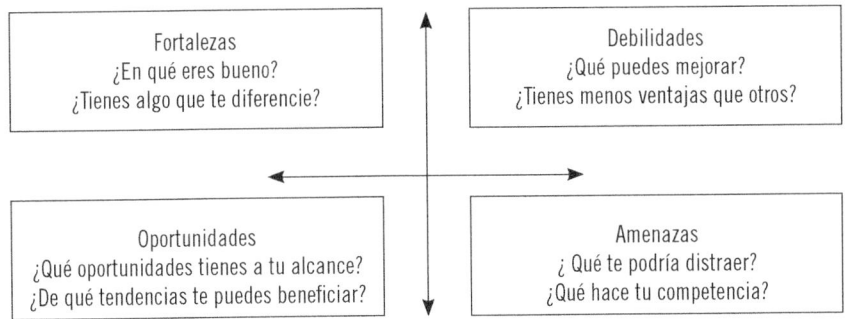

| Fortalezas
¿En qué eres bueno?
¿Tienes algo que te diferencie? | Debilidades
¿Qué puedes mejorar?
¿Tienes menos ventajas que otros? |
| Oportunidades
¿Qué oportunidades tienes a tu alcance?
¿De qué tendencias te puedes beneficiar? | Amenazas
¿ Qué te podría distraer?
¿Qué hace tu competencia? |

 **Importante**

El método DAFO plantea las acciones que se deben poner en marcha para aprovechar las oportunidades detectadas y preparar a una organización contra las amenazas teniendo en cuenta sus debilidades y fortalezas.

Valoración del poder de negociación

El poder de negociación es aquel que el negociador posee, que le otorga capacidad para influenciar a su oponente en su modo de actuar. El poder es subjetivo y relativo para cada negociación, por ello resulta fundamental realizar una valoración del mismo cada vez que se prepara una negociación. Lo fundamental al enfrentarse a una negociación es que el oponente perciba que se posee gran poder, aunque no sea real.

Existen factores relacionados con el poder en la negociación que confieren a quienes poseen mayor poder, estos son:

- **Legitimidad:** es la valía reconocida al negociador por la organización que lo selecciona para llevar a cabo la negociación, demostrable con los resultados obtenidos en procesos negociadores anteriores.
- **Información:** la disposición de información juega un papel importante en la negociación. Hay que centrarse en la búsqueda de información válida, que contribuya al aumento del poder de negociación; es decir, aquella que colabora en la toma de decisiones adecuadas, favorece el desarrollo de alternativas y facilita la argumentación.
- **Credibilidad:** cuando el negociador posee credibilidad por parte del oponente no tendrá que demostrar sus argumentos.
- **Experto en la materia a negociar:** hay que conseguir que el oponente perciba la imagen del negociador como la de un experto en la materia negociada.
- **Proposición de alternativas:** en las negociaciones, hasta alcanzar el acuerdo, hay que proponer alternativas; cuanto mejores sean las alternativas planteadas, mejores serán los resultados. Así como transmitir la capacidad para dar soluciones a los posibles imprevistos.
- **Imagen:** hay que transmitir una imagen de profesionalidad, mediante el reflejo de la labor previa realizada hasta llegar a la negociación. En definitiva, reflejar que todo ha sido minuciosamente cuidado, tratado y reflexionado. No se puede dejar ver que la presión ejercida por el tiempo influye en el comportamiento.

Recuerde

Hay que evitar un exceso de información. Por un lado, porque son pocas las ocasiones en las que se podrá disponer de toda la información; por otro lado, porque puede llevar a una pérdida de tiempo que produzca una desviación del objetivo.

Fijación de objetivos

Son el resultado que se espera de la negociación. Su consecución permite catalogar la negociación como exitosa. Por ello, es fundamental realizar una definición precisa de los objetivos, de modo que esté bien clara la meta que se quiere alcanzar. Al fijarlos hay que:

- Ordenarlos de mayor a menor, según la importancia.
- Diferenciar los objetivos que se propondrán a la parte contraria de los que se está dispuesto a admitir. Pudiendo diferenciar entre:

  - Resultado óptimo → Deseado.
  - Resultado aceptable o tolerable.
  - Resultado mínimo → Inferior a este, no hay acuerdo.

  Debido a ello es fundamental establecer otras opciones por si no fuese posible alcanzar las anteriores.

- Coordinarse con los departamentos de la empresa afectados y precisar una actuación común.
- Fijar objetivos alcanzables y los medios que permitan lograrlos.
- Establecer períodos.

Planteamiento de la estrategia

Como último paso para concretar la preparación hay que delimitar las estrategias y maniobras que se van a llevar a cabo.

Generalmente, el planteamiento de la estrategia se realiza a solas, antes de reunirse con la otra parte y es la fase que suele necesitar más tiempo.

5.2. Gestión: creación de un clima agradable, avance y afianzamiento, replanteamiento de los objetivos, entendimiento y acuerdo

La fase de gestión o desarrollo se inicia cuando las partes se sientan en la mesa y se finaliza tras la resolución de la negociación, con independencia a que dicha resolución concluya con acuerdo o no. En el desarrollo, se distinguen las siguientes etapas:

- **Creación de un clima agradable:** la gestión de la negociación se inicia con la toma de contacto entre las partes. Este momento es fundamental y repercutirá sobre el buen desarrollo de la negociación. Por tanto, habrá que fomentar en un primer instante un ambiente de confianza, mostrándose abierto y flexible, y además se fijarán los pilares de la negociación. Una vez creado el ambiente dará comienzo la negociación, que será iniciada con la exposición de la propuesta de una de las partes.
- **Avance y afianzamiento:** conforme se avanza en la gestión, se inicia el intercambio informativo. En este trueque se muestra la posición de cada parte y se analizará qué es lo que les distancia. Ello dará lugar al acercamiento de posturas, mediante la defensa de sus propuestas, cediendo en algunas pautas, estableciendo razonamientos nuevos contrarios a la otra parte, etc. Por último, para la consecución del avance y afianzamiento se suele necesitar bastante tiempo, por lo que la paciencia se convierte en una virtud de quien dispone de ella.
- **Replanteamiento de los objetivos:** el debate entre los negociadores les hará ver si es conveniente continuar con la negociación o si es preferible que se anule, ya que no se alcanzará ningún acuerdo. Existen ocasiones en las que se produce un bloqueo en la negociación, es decir, ni se avanza ni se interrumpe. Este desencuentro lo podrán superar las partes planteando de nuevo los objetivos desde un enfoque distinto, realizando un inciso para replantear la situación, posponiendo el encuentro, acudiendo a un experto o empleando un intermediario.
- **Entendimiento y acuerdo:** es la etapa con la que se concluye el desarrollo de la negociación. Se produce cuando las partes acercan sus posturas. Para ello, es muy probable que tengan que ceder en su posición siempre dentro de unos márgenes que hacen que el acuerdo sea aprobado por todos, pues cumple con sus objetivos iniciales.

Aplicación práctica

Jaime está negociando la adquisición de un inmueble. Tras varias cesiones por ambas partes y transcurrido bastante tiempo, tiene la sensación de no avanzar, por lo que decide hacer el planteamiento de un nuevo objetivo. Su intención es pasar a la fase de replanteamiento de objetivos ¿Ha actuado de modo correcto?

SOLUCIÓN

El replanteamiento de objetivos consiste en plantear el mismo objetivo inicial, pero desde una perspectiva o punto de vista diferente y no cambiar el objetivo, por tanto, Jaime se ha equivocado en su actuación.

5.3. Cierre. Documentación del acuerdo

Finalizada la negociación hay que tener claro qué es lo acordado. Es obvio que los acuerdos se han ido alcanzando durante la negociación, pero antes de firmar hay que asegurarse de que las partes han entendido exactamente lo mismo y así evitar posibles malentendidos futuros. El objetivo es conseguir que la redacción sea aceptada por todos, evitando que puedan quedar temas sin tratar.

Importante

Finalizada la negociación es aconsejable analizar el desarrollo de la misma, centrándose en el modo de actuar de sí mismo y teniéndolo presente para mejorar en futuras negociaciones.

Una vez redactado el acuerdo en un documento escrito será firmado por las partes. Este documento recogerá todos los aspectos tratados, así como las condiciones estipuladas. Por lo general reflejan: períodos de revisión, prórrogas, cláusulas por incumplimiento, etc.

Actividades

2. Señalar en qué fase del proceso de negociación se realiza la búsqueda de información, qué tipo de información se debe seleccionar y a qué contribuye una buena investigación informativa.

6. Recursos psicológicos en la negociación: asertividad, autoconocimiento, autoestima, las pequeñas cesiones y las buenas maneras

Uno de los aspectos que más influyen en el resultado de la negociación es el carácter de la persona negociadora. Por tanto, para contribuir a la consecución del éxito será necesario que quien negocie posea ciertas habilidades sociales que contribuyan a una buena relación entre las partes. Algunos de estos recursos son:

- **Asertividad:** es una facultad humana para expresar aquello que desea de manera libre, en el momento y lugar adecuado, en defensa de sus intereses pero sin violentar al contrario. En definitiva, el buen negociador debe ser asertivo, tiene que saber decir no. Quien no disponga de esta cualidad puede llegar a adquirirla.

El negociador asertivo sabe decir no para conseguir sus objetivos.

- **Autoconocimiento:** consiste en el conocimiento de uno mismo; para negociar es vital saber cuáles son las habilidades y debilidades que se poseen, así como los estados de ánimo y la influencia de estos sobre el comportamiento. Es fundamental conocerse a sí mismo para reaccionar de forma productiva y para poder entender a los demás.
- **Autoestima:** refleja el grado de aceptación de uno mismo. Poseer autoestima positiva es favorable, pues afianza la personalidad y conforta la relación con los demás.
- **Las pequeñas cesiones:** para llegar al acuerdo ambas partes deben realizar cesiones. Es importante elegir el momento adecuado para que el impacto sea significativo. Lo ideal es que la parte contraria sea quien inicie las pequeñas concesiones, aunque tomar la iniciativa, es decir, ceder primero, puede reflejarse en el oponente como una actitud de cooperación hacia la consecución del acuerdo más favorable para ambas partes.
- **Las buenas maneras:** es el modo de persuadir a la otra parte facilitando las relaciones. Debido a la confianza que se crea, la presión se reduce considerablemente.

Para desarrollarlas, quien negocia debe:

1. Sentirse cómodo/a cuando negocia.
2. Mostrar colaboración.
3. Expresarse con convicción y saber preguntar.
4. Controlar el lenguaje no verbal.
5. Saber escuchar.

6. Tener empatía con la otra parte y ser respetuoso.

7. Ser resolutivo, sabiendo afrontar posibles imprevistos.

8. Disponer de paciencia.

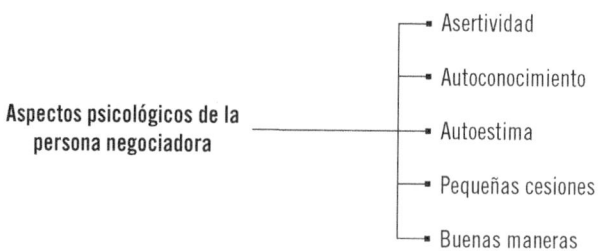

Aspectos psicológicos de la persona negociadora

- Asertividad
- Autoconocimiento
- Autoestima
- Pequeñas cesiones
- Buenas maneras

Actividades

3. Averiguar qué es y en qué consiste la asertividad, poniendo ejemplos.

4. Señalar si la siguiente frase es verdadera o falsa y justificar la respuesta: "Para desarrollar las buenas maneras durante la negociación, quien negocia tiene que saber expresarse. Por tanto, se puede afirmar que la comunicación oral es la única que debe controlar".

Recuerde

La asertividad es aquella habilidad personal que permite expresar de forma adecuada las emociones frente a otra persona, haciéndolo sin hostilidad ni agresividad. Una persona asertiva sabe expresar directa y adecuadamente sus opiniones y sentimientos en cualquier situación.

7. Análisis de los procesos y estrategias de negociación en la empresa

Establecido el objetivo que se persigue, queda fijado el camino a seguir. Por tanto, el próximo paso será seleccionar la estrategia, así como desarrollar su táctica.

La **estrategia** o el "qué hacer" constituye el plan de acción que van a seguir los negociadores para la consecución de los objetivos. Se pueden diferenciar cuatro tipos:

- **Ganar-ganar:** las partes actúan en conjunto, colaborando hacia la obtención de un acuerdo que aunque no sea el óptimo es muy beneficioso para todos. Es la estrategia más recomendada.
- **Ganar-perder:** las partes están enfrentadas, se busca alcanzar un máximo beneficio a costa del otro. La intención no es perjudicar al contrario sino ganar sea como sea. Por lo general, las negociaciones comienzan con este tipo de estrategia. Su uso es arriesgado porque a pesar de ganar, la otra parte puede negarse a cumplir con el acuerdo, teniendo que resolver el conflicto en los tribunales.
- **Perder-ganar:** suele emplearse en entornos de confianza, cuando existe amistad. Consiste en realizar importantes cesiones, pues el coste soportado será menor que el que surgiría si se rompe la relación. Generalmente se emplean pensando en el futuro (cedo en el presente pero a cambio ganaré más en próximas negociaciones).
- **Perder-perder:** con esta estrategia ambas partes sienten que la negociación ha sido un fracaso. Ceden tanto para evitar la ruptura de la misma, que el acuerdo alcanzado, a pesar de estar bien, no es tan favorable como confiaban.

Aplicación práctica

Pedro y María son los socios fundadores de una empresa de productos enlatados. Como consecuencia de los resultados obtenidos en los últimos ejercicios, Pedro ha decidido que quiere abandonar la empresa. Para ello cita a María con el objetivo de negociar cómo se realizará su salida del negocio.

Debido a los años de amistad y de relación laboral, él comienza la negociación mostrándose colaborador, pues piensa que ella actuará del mismo modo, pero rápidamente siente que María no cede y no le interesan las propuestas de ella, por lo que cambia su postura, mostrándose menos permisivo; de esta forma consigue que María ceda llegando a un acuerdo aceptable para ambos pero no plenamente satisfactorio.

¿Qué evolución estratégica sigue la negociación? ¿Hubiese sido mejor romper la relación antes que llegar al acuerdo alcanzado?

SOLUCIÓN

Está claro que la intención inicial de Pedro era seguir una estrategia de ganar-ganar, puesto que pensaba que María iba a actuar igual. Pero al descubrir que la estrategia de María era ganar-perder (ella-él), él decide dar un giro y adoptar esa misma estrategia, pero desde su perspectiva (ganar -él- y perder -ella-). Ante la nueva postura de Pedro, María cede llegando a un acuerdo desfavorable para ambos, haciéndoles sentir que finalmente la estrategia seguida ha sido de perder-perder.

No, siempre es preferible alcanzar un acuerdo a romper una negociación, este posicionamiento evita que se rompan relaciones que pueden ser rentables y necesarias en un futuro.

Seleccionada la estrategia hay que establecer cómo llevarla a cabo, es decir, constituir su **táctica.** Se diferencian dos tipos:

- **Tácticas de desarrollo:** se basan en precisar la estrategia elegida, sin influir en la relación entre las partes, puesto que no se fuerza al contrario. Colaboran a dirigir la estrategia con anterioridad al inicio de la reunión. Algunos ejemplos:

▌ Realizar la primera propuesta o dejar que el oponente tome la iniciativa.

▌ Presentar la información necesaria o toda la disponible.

▌ Dejar que sea la otra parte quien realice la primera concesión o por el contrario conceder primero.

■ **Tácticas de presión:** su objetivo es favorecer la posición particular a través de la confusión, intimidación y consecuente debilitación del contrario. Pueden diferenciarse tres tipos:

▌ **Tácticas obstructivas:** ponen resistencia a la argumentación y presión de la parte contraria.

▌ **Tácticas ofensivas:** presionan e intimidan al contrario.

▌ **Tácticas engañosas:** conocidas como "trucos". Son trampas cuyo fin es que el contrario tenga una visión equivocada de la situación.

Importante

Las tácticas de presión no son de uso recomendable, ya que pueden ser beneficiosas a corto plazo, pero a la larga destruyen las relaciones.

Actividades

5. Enumerar los diferentes tipos de estrategias que se pueden llevar a cabo.
6. Poner un ejemplo de cómo realizar una táctica de presión.

8. Los presupuestos y contratos

En la consecución de un acuerdo final en una negociación empresarial aparecen dos documentos muy valiosos para las partes, como son el **presupuesto** y el **contrato**. El primero es un plan de acción orientado hacia el cumplimiento de los objetivos estipulados y el segundo es un acuerdo de voluntades entre las partes en el que se obligan mutuamente.

8.1. Los presupuestos, implicaciones legales

El presupuesto es un instrumento relacionado íntimamente con la planificación financiera. No obstante, en este documento se incluyen otros datos que no son de carácter económico, tales como: tiempo, materiales, mano de obra, etc. A pesar de recoger información que también contiene la contabilidad tradicional hay que saber diferenciarlo de esta. Para ello uno de los rasgos distintivos es el lapso de tiempo al que hace referencia, mientras que esta recoge la información referente al pasado, el presupuesto es un pronóstico del futuro.

Por tanto, se puede definir el **presupuesto** como un documento vinculante por el que un profesional o empresa informa sobre los costes de la prestación de un servicio o entrega de un bien y por el que se compromete con el cliente a llevarlo a cabo a cambio de recibir una contraprestación económica por el precio indicado.

 Nota

El presupuesto tuvo su origen en el sector gubernamental a finales del siglo XVIII, en el Parlamento Británico.

Una vez aceptado por las partes, el presupuesto implicará el cumplimiento de ciertas condiciones legales. Como documento formalizado por escrito, válido para la aceptación de los acuerdos y condiciones propuestas por las partes, deberá reflejar:

- Fecha de realización del presupuesto.
- Identificación de los productos o bienes a entregar.
- Condiciones del servicio a realizar.
- Periodo de validez.
- Coste de los servicios o productos y formas de pago.
- Partida de impuestos aplicables.
- Firma de quien elabora el presupuesto y lo autoriza.

Si existiesen errores de cálculo en la estimación del presupuesto no podrán recaer sobre el cliente.

El incumplimiento de las cláusulas del presupuesto conllevará implicaciones legales. Según recoge el Real Decreto Legislativo 1/2007, de 16 de noviembre, por el que se aprueba el texto refundido de la Ley General para la Defensa de los Consumidores y Usuarios y otras leyes complementarias, las Administraciones Públicas competentes podrán calificar las infracciones como **leves, graves y muy graves,** siendo sancionadas con multas de carácter económico e incluso en el supuesto de infracciones muy graves con el cierre de las instalaciones por un plazo de 5 años máximo.

 Actividades

7. Indicar si la siguiente frase es verdadera o falsa, y justificar la respuesta: "El presupuesto como documento de carácter principalmente económico no conllevará implicaciones legales".

Aplicación práctica

Silvia ha solicitado a un constructor la elaboración de un presupuesto para realizar ciertas reformas en su establecimiento. El constructor acepta y pasados un par de días le hace entrega del mismo; el presupuesto detalla lo siguiente:

▌ Identificación de quién llevará a cabo la obra.
▌ Obra a realizar: en qué consiste la reforma.
▌ Coste económico de la reforma: coste de materiales así como de la mano de obra.
▌ Fecha en la que se realiza el presupuesto.

¿Considera que el presupuesto elaborado es completo? ¿Qué aconsejaría usted al constructor?

SOLUCIÓN

Claramente el presupuesto es incompleto y ello podrá dar lugar a que Silvia no perciba una buena imagen del constructor.

Además de los apartados presentados el constructor debería haber añadido: el periodo de validez del presupuesto, los impuestos aplicables, la forma de pago, relación de materiales que se emplearán en la reforma y su firma.

8.2. Contrato de compraventa mercantil, de suministro, de servicios y de obra

El contrato es un acuerdo de intenciones, manifestadas entre personas, físicas o jurídicas, que se realiza por escrito o verbalmente, en el que las partes contratantes se comprometen a su cumplimiento, bien de modo recíproco (**contrato bilateral**) o bien una parte con la otra (**contrato unilateral**).

El **contrato de compraventa** queda definido por el Código Civil como la obligación del vendedor a entregar una cosa determinada y la obligación del comprador a pagar un precio, en dinero o signo que lo represente. Algunos de los contratos que suelen resultar de las negociaciones empresariales son:

- **Contrato de compraventa mercantil:** el Código de Comercio lo define como la compraventa de cosas muebles para revenderlas, bien en la misma forma que se compraron o bien en otra diferente, con ánimo de lucrarse en la reventa.
- **Contrato de suministro:** son contratos mediante los que varias partes realizan un acuerdo, en el que el suministrador (quien provee los bienes o servicios) se compromete a realizar la entrega de un bien o servicio al suministrado (quien recibe) en propiedad o en uso y disfrute, periódicamente durante un tiempo. Y como contrapartida, el suministrado paga un precio al suministrador por cada entrega. El suministro puede realizarse mediante la entrega del bien o producto en una única vez o de modo sucesivo. Los más habituales son de agua, de energía eléctrica, de gas, de telefonía, etc.
- **Contrato de servicios:** son aquellos cuyo objeto es realizar prestaciones en el desarrollo de una actividad o dirigidos a la obtención de un resultado distinto de una obra o un suministro. Se clasifican entre otros en: servicio de mantenimiento y reparación, servicio de transporte por vía terrestre, servicio de transporte aéreo, servicio de telecomunicación, servicios financieros, servicio de investigación y desarrollo, servicio de contabilidad, auditoría y teneduría de libros, etc.
- **Contrato de obra:** aquél que tiene por objeto la realización de una obra, entendida como el resultado de un conjunto de trabajos de construcción o ingeniería civil, que tenga por objeto un bien inmueble. La persona que se obliga a ello es el contratista.

 Importante

Según el artículo 1445 del Código Civil, por el contrato de compraventa uno de los contratantes se obliga a entregar una cosa determinada y el otro a pagar por ella un precio cierto, en dinero o signo que lo represente.

 **Actividades**

8. Averiguar cómo define el Código de Comercio el contrato de compraventa mercantil.

8.3. Contenido del contrato. Cláusulas y aspectos más destacados de cara a la negociación

Todos los contratos de compraventa tendrán que contener al menos los datos siguientes:

1. Identificación y responsabilidad de las personas físicas o jurídicas que se comprometen.
2. Obligaciones del vendedor y del comprador.
3. Tiempo y lugar de cumplimiento.
4. Precio y condiciones de pago.
5. Cláusulas.
6. Firma de los contratantes.
7. Fecha en que queda firmado.

Así como, cuando lo acuerden las partes, también podrá contener la ley aplicable en caso de desobediencia, garantías y avales que cubran el incumplimiento de lo establecido en el contrato, así como que hagan frente a la falta de pago por parte del comprador. Pueden estar recogidas en el contrato como una cláusula más.

Cláusulas de la negociación

Reflejan que los contratos serán firmados tras la discusión y aprobación de las partes. De este modo se evitan posibles problemas futuros. Por tanto, en las cláusulas se desarrollan las condiciones del contrato. El incumplimiento de las mismas conlleva castigo para quien falte a ellas.

A continuación, se muestra un ejemplo de la estructura que siguen los contratos de compraventa mercantil:

En _____, a _____ de _____ de _____

REUNIDOS
De una parte, D. _____ , mayor de edad, vecino de
_____, domiciliado en _____, con
documento nacional de identidad número _____, en lo sucesivo
denominada PARTE VENDEDORA o VENDEDOR, y
De otra parte, D. _____, mayor de edad, vecino de
_____, domiciliado en _____, con
documento nacional de identidad número _____, en lo sucesivo
denominada PARTE COMPRADORA o COMPRADOR.

INTERVIENEN
Ambos comparecientes intervienen en su propio nombre y derecho.
(Si lo hicieran en representación se indicará D. _____ en
representación de la mercantil _____, S. A. /S. L. /etc.,
con domicilio en _____ y C. I. F. número _____. En uso
del poder otorgado ante D. _____, Notario de _____, el
_____ de _____ de mil novecientos _____,
bajo el número _____ de los de su protocolo, y por medio del
cual se halla facultado para ejercitar, entre otras, las siguientes facultades:
_____)
Se reconocen mutuamente con capacidad suficiente para otorgar el presente contrato
y a tal fin,

EXPONEN
I.- Que D. _____ / _____
S. A., S. L., etc. es propietario de _____ (bienes objeto del contrato), por
título de _____ (compraventa, donación, fabricación propia, etc.).
II.- Que D. _____ / _____
S. A., S. L., etc. tiene interés en adquirir los bienes descritos en el ordinal precedente.
III.- Que por ello ambas partes,
ACUERDAN
Llevar a efecto el presente contrato de COMPRAVENTA MERCANTIL, mediante las
siguientes
CLÁUSULAS
Primera.- El objeto del presente contrato es la compraventa de _____,
que _____ S. A. (en su caso) adquiere, de conformidad a lo previsto en
sus estatutos en lo referente a su objeto social, para su uso _____.

Continúa en página siguiente >>

<< Viene de página anterior

Segunda.- El precio del objeto de la compraventa es de _____ (en letra) EUROS (_____ €), de conformidad para ambas partes.

Tercera.- El bien objeto del contrato se entregará en _____ el día _____ de _____ del corriente año, entre sus _____ y sus _____ horas, corriendo a cargo de la parte vendedora los gastos de dicho transporte.

Cuarta.- El pago se efectúa en el presente acto mediante _____ (metálico, cheque conformado nº_____ de la entidad _____, etc.), cantidad que el vendedor declara haber recibido a su entera satisfacción, sirviendo el presente documento como carta de pago.

Quinta.- El comprador declara expresamente haber reconocido el bien objeto del contrato dando su conformidad al mismo y liberando con ello al vendedor de su responsabilidad en materia de saneamiento por vicios ocultos o defectos de calidad o cantidad.

Sexta.-Todos los gastos e impuestos que se originen como consecuencia de la formalización, cumplimiento o extinción del presente contrato y de las obligaciones que de él se deriven serán de cargo del comprador.

Séptima- El presente contrato tiene carácter mercantil, rigiéndose por sus propias cláusulas, y en lo en ellas no dispuesto, por lo previsto en el Código de Comercio, leyes especiales y usos mercantiles.

Octava.- Ambas partes contratantes renuncian expresamente a su fuero sometiéndose a los Juzgados y Tribunales de _____.
Y en prueba de conformidad con todo ello firman el presente documento por duplicado ejemplar y a un solo efecto en el lugar y fecha expresados en el encabezamiento.

El vendedor
Firmado: _____

El comprador
Firmado: _____

Actividades

9. Señalar para qué se emplean las cláusulas en los contratos y si se puede incluir cualquier condición que las partes acuerden.

9. Resumen

La negociación es la forma actual más empleada por las personas para solucionar conflictos. Lo importante no es negociar, sino hacerlo bien.

Como proceso en el que se resuelven conflictos y se alcanzan objetivos, antes de enfrentarse a una negociación hay que elaborar un plan de la misma que incluirá desde el establecimiento de objetivos hasta la adecuación de los bienes muebles.

Los diferentes tipos de negociación (interpersonal, empresarial y política) así como la variedad de participantes que pueden asistir a una negociación (directamente, con representante y con conciliador, mediador o árbitro) provocan que cada una se organice de un modo distinto.

El proceso de negociación comienza cuando las partes interesadas exponen un tema específico obteniendo como resultado un desencuentro entre ambas. Este proceso está constituido por tres fases: preparación, gestión o desarrollo y cierre.

Por muy planificada que esté la negociación es importantísimo para el éxito de la misma que quien negocia disponga de ciertas habilidades sociales, aspectos psicológicos que contribuyan hacia una buena relación con la otra parte.

Durante su actuación la persona negociadora seguirá una estrategia que le marca los pasos a seguir, y sabrá cómo hacerlo mediante la táctica fijada.

Finalmente, tras la consecución del acuerdo, las partes quedarán obligadas al cumplimiento del mismo tras firmar un presupuesto o un contrato.

Ejercicios de repaso y autoevaluación

1. **De las siguientes oraciones, indique cuál es verdadera o falsa. Ante las falsas justifique su respuesta.**

   a. El lugar ocupado en la mesa está establecido por el cargo que posee cada participante pero no influye en la consecución del acuerdo.

   ☐ Verdadera
   ☐ Falsa

   _____
   _____

   b. Cuando el líder no quiere destacar durante la negociación debe sentarse en los lugares intermedios de una mesa rectangular.

   ☐ Verdadera
   ☐ Falsa

   _____
   _____

   c. Las negociaciones celebradas en la sede de la parte contraria proporcionan ventajas solo para el contrario.

   ☐ Verdadera
   ☐ Falsa

   _____
   _____

   d. La luz tenue proporciona intimidad y por tanto no colabora con la negociación.

   ☐ Verdadera
   ☐ Falsa

   _____
   _____

2. ¿Qué tipos de pausas se pueden dar durante la negociación?

_____

_____

3. Cuando usted cede el paso a otra persona al entrar o salir de un local, ¿podría afirmar que ha negociado? Si es así indique de qué tipo es la negociación que ha llevado a cabo.

_____

_____

4. ¿Qué participantes asistirán a negociaciones en las que se prevea que la resolución del conflicto va a resultar compleja?

_____

_____

5. ¿Cuál es el papel del mediador?

_____

_____

6. Enumere las fases de la negociación.

_____

_____

7. ¿En qué fase de la negociación disponer de paciencia constituye una virtud de quien la posee?

_____

_____

8. Indique cuál de las siguientes afirmaciones es correcta.

    a. Las debilidades y oportunidades pertenecen al ámbito interno de la empresa.

    b. Amenazas y oportunidades reflejan los puntos débiles y fuertes respectivamente de la empresa que realiza el diagnóstico de la situación.

    c. Las debilidades y fortalezas son los puntos débiles y fuertes de la parte que hace el diagnóstico de la situación.

9. Complete:

"... antes de _____ hay que asegurarse de que las partes han _____ exactamente lo _____ y así _____ posibles _____ entendidos futuros. El _____ es conseguir que la redacción sea _____ por todos, evitando que puedan quedar temas sin _____".

10. Complete el siguiente esquema:

Aspectos psicológicos de la persona negociadora

11. Indique si la siguiente afirmación es verdadera o falsa:

"En la estrategia de perder-perder se alcanza un acuerdo y las partes sienten que la negociación ha sido un fracaso".

    ☐ Verdadera
    ☐ Falsa

12. ¿Qué tipo de táctica hay que evitar pues destruye las relaciones a largo plazo?

_____

_____

13. Defina el término contrato.

_____

_____

_____

_____

14. Indique en qué documento deben aparecer los siguientes datos:

I Fecha de realización.
I Identificación de los productos a entregar y las condiciones del servicio que se van a prestar.
I Período de validez del documento.
I Costes y formas de pago, entre otros.

_____

15. Enumere los datos que deben aparecer en un contrato.

_____

_____

_____

_____

_____

_____

_____

Capítulo 3
Organización de eventos

Contenido

1. Introducción

Los eventos son actos que se organizan en el entorno de cualquier rama de actividad: eventos sociales, empresariales, artísticos, deportivos, políticos, etc. A pesar de la clasificación en función al ámbito en que se desarrolle el evento, existe otra clasificación relacionada con los objetivos que se pretendan conseguir con dicho acto; y serán los objetivos fijados los que marquen, en cierto modo, las pautas para la organización de cada evento.

Cada vez más las empresas se decantan por la celebración de eventos para alcanzar sus objetivos. Con esta herramienta las empresas consiguen llegar mejor a los consumidores y demás instituciones empresariales, y de forma más directa y dinámica, mediante el empleo de menos recursos, especialmente económicos. Además, se alcanza a un número mucho más elevado de personas que con otras herramientas.

En definitiva, los eventos son la "llave maestra" para las empresas, fundamentalmente en lo relativo a la imagen que desean proyectar.

Consecuencia de los múltiples eventos que existen, el organizador de los mismos debe estar bien preparado, independientemente de que sea él quien organice o se encargue una empresa especializada, pues en este último caso tendrá que supervisar todo el trabajo que se lleve a cabo.

Por tanto, con el fin de servir de ayuda para el organizador de eventos, en este capítulo se van a desarrollar los eventos corporativos más significativos, así como las pautas que estos deben seguir.

2. Objetivos

Con independencia del tipo de evento que se celebre, todos tienen en común querer alcanzar el logro de los objetivos fijados. Generalmente, los objetivos que se desean superar mediante la celebración de algún evento son:

- Presentar nuevos productos o servicios.
- Impulsar una marca.
- Motivar a los empleados.
- Celebrar aniversarios.
- Homenajear u obsequiar a clientes o empleados.
- Aumentar el rendimiento.
- Fomentar la fuerza de ventas.

Además, se observa que los objetivos establecidos están en muchas ocasiones relacionados con los clientes, tanto actuales como potenciales, de ahí su elevada valoración como instrumentos eficaces en el alcance del **objetivo de fidelidad** del cliente frente a la competencia.

 Importante

Conseguir la lealtad del cliente debe ser un objetivo hoy en día primordial, debido a la enorme competencia que hay en todos los sectores de venta.

 Actividades

1. Investigar sobre los distintos objetivos de los eventos, y enumerar alguno más.

3. Presupuesto

El presupuesto de un evento supone la contrapartida económica de las actividades y tareas que deben llevarse a cabo para organizar y celebrar este.

Se calcula una vez conocidos los objetivos. Ahora bien, al fijar el presupuesto se pueden dar dos alternativas, que son:

- **Presupuesto adaptado al evento:** en este caso el presupuesto se realiza en función de las necesidades y objetivos implantados, incluyendo cómo podrán recuperarse los costes del evento.
- **Evento adaptado al presupuesto:** esto sucede cuando quien se encarga de organizar un evento dispone de una cantidad específica de dinero para llevarlo a cabo, de modo que no le queda otra que adaptarse al presupuesto. Generalmente esta opción es la que más se da en el entorno empresarial.

Por último, resaltar que el presupuesto tiene que ser un documento **real** y **flexible**.

 Aplicación práctica

Diego y Alberto tienen encomendada la organización, de modo conjunto, de una entrega de premios. Llegado al punto del establecimiento del presupuesto cada uno de ellos tiene un punto de vista:

- Diego considera que el presupuesto debe adaptarse a la entrega de premios.
- Para Alberto es la entrega de premios la que debe adaptarse al presupuesto.
- Alberto defiende su postura mediante la argumentación de que en la empresa hay unos presupuestos fijos destinados a la organización de eventos y por ello será la entrega de premios (evento) la que deba adaptarse al presupuesto.

Según usted, ¿está en lo cierto? ¿Quién tiene razón?

SOLUCIÓN

Tiene razón Alberto en que la empresa tiene un presupuesto fijo para la realización de eventos, pero no por ello debe ser el evento el que se adapte al presupuesto; como bien defiende Diego también puede darse el caso de que el presupuesto se adapte a la entrega de premios.

Por tanto, ambas posturas son correctas, ambos tienen razón.

4. Tipos de eventos atendiendo a su ámbito

Los eventos son actividades especiales desarrolladas en un momento preciso en el tiempo, que disponen de un principio y un final conocidos con anterioridad a su celebración. A pesar de ser una actividad puntual, por lo general poseen periodicidad determinada. Debido a su generalidad, una clasificación de los eventos puede establecerse atendiendo a su ámbito, diferenciando así los siguientes tipos de eventos: científico-técnicos, sociales, deportivos, culturales y empresariales.

 Nota

En algunos países se celebra el "Día del Organizador Profesional de Eventos"; por ejemplo, en Argentina se celebra el 13 de septiembre.

A continuación, se realiza una clasificación detallada de los diferentes tipos de eventos empresariales que organizan las entidades.

4.1. Congresos y conferencias

Según la RAE, los **congresos** son reuniones generalmente periódicas en las que los miembros de una asociación, cuerpo, organismo, profesión, etc., se reúnen para debatir cuestiones previamente fijadas. Su duración debe oscilar entre tres y cinco días, en caso contrario no podrá denominarse como tal. Según su ámbito de celebración podrán ser locales, regionales, nacionales e internacionales.

Su finalidad puede ser muy variada, dependerá de lo que la organización o comité organizador, como miembro encargado de gestionar la mayoría de los matices del congreso, establezca como objetivo. Debido a la complejidad en su planificación, organización y gestión, el comité organizador estará constituido por una amplia variedad de expertos en diferentes áreas profesionales.

Algunas de las fases que deben considerarse se describen a continuación.

Preparación

Es la disposición de los elementos necesarios para llevar a cabo el congreso. Durante esta etapa se toman decisiones relacionadas con la fecha de realización, los asistentes al congreso, montaje de las instalaciones, envío de invitaciones, preparación del programa, etc. A su vez en ella se distinguen dos fases:

- **Fase primera.** Se realizan las siguientes actividades:

    - Establecimiento de fechas y lugar donde se celebrará.
    - Redacción de la lista de invitados y colaboradores.
    - Solicitud del comité de honor, del comité científico, así como del comité ejecutivo y postulación de la presidencia de honor.
    - Solicitud de las autorizaciones necesarias.
    - Convocar el congreso y distribuir el programa.
    - Adecuación del lugar de celebración.
    - Creación del logo para el congreso e impresión del mismo.

- **Fase segunda.** Como fase más avanzada que la anterior, trata temas de confirmación, cierres de negociaciones, puestas a punto, etc., como, por ejemplo:

    - Nombramiento del comité de honor y ejecutivo.
    - Confirmación de asistencias.
    - Establecimiento oficial del listado de asistentes.
    - Preparación de la documentación necesaria para los asistentes al congreso.
    - Invitación formal de las autoridades.
    - Establecimiento de las actuaciones a realizar y simulación del mismo.

Desarrollo

Se **inicia** con el saludo por parte de la presidencia del congreso a los congresistas, quien una vez finalizado el saludo cede el turno de palabra al secretario del congreso, para que este enuncie el contenido del acto, los horarios estipulados, presente a los ponentes, etc. Por último, tras concluir la participación del secretario, la presidencia recuperará la palabra dando por finalizado el acto inaugural, procediéndose al inicio de la primera ponencia.

 Importante

Si la duración del acto no es de entre tres y cinco días, este no puede ser clasificado como Congreso.

El **desarrollo** se lleva a cabo siguiendo las pautas establecidas y el simulacro realizado durante la fase segunda de preparación. Si al acto acude alguna autoridad, será situada en la zona presidencial en una posición contigua a la del presidente y próxima al ponente del momento.

En la **clausura** las actuaciones seguidas son las mismas que durante la inauguración, con la distinción de que al concluir suele obsequiarse con el ofrecimiento de un vino o una comida.

Durante el desarrollo de los congresos se aplica un **protocolo** que permite diferenciar tres tipos de actos:

- Oficiales: lo conforman la apertura y la clausura del mismo.
- Específicos: los característicos del congreso.
- Sociales: actos en los que se atiende a los asistentes.

Por otro lado, pueden distinguirse las **conferencias,** definidas según la RAE como plática entre dos o más personas para tratar de algún punto o negocio, entre otras acepciones.

Para llevarla a cabo, lo habitual es que un experto, a quien se le exige un elevado dominio sobre la materia a tratar, ofrezca una charla ante un auditorio, bien sobre experiencias particulares, sobre nuevas tendencias, sobre informes diversos, etc.; con el propósito de estimular al auditorio hacia el debate de la temática propuesta, con el fin de hacerles reflexionar e intentando que aporten distintas soluciones para alcanzar acuerdos comunes.

Debido a sus características, esta técnica grupal se emplea cuando debe presentarse la información de manos de un experto, de forma rápida, cierta, formal y continua. Para alcanzar dicha continuidad, por lo general, durante la conferencia se llevará a cabo primeramente la intervención del experto, quedando reservados unos minutos finales para la participación del auditorio, a cuyos integrantes se les requiere una elevada cooperación para que la conferencia resulte exitosa. Además, para lograr dicho éxito es imprescindible que el experto ajuste su conferencia al tiempo estimado; lo habitual es que una conferencia tenga una duración de en torno a una hora.

Aunque se trate de una técnica conocida y de gran utilidad, no es aconsejable emplearla excesivamente, puesto que existen otros métodos que encajarán mejor con los objetivos marcados en cada momento.

4.2. Visitas guiadas. Visitas de delegaciones extranjeras. Visitas de otras empresas o instituciones

Como todo evento, son métodos empleados con el fin de mejorar la imagen corporativa frente a la sociedad, especialmente respecto a sus consumidores actuales y potenciales. Es una técnica en proliferación, pues supone una herramienta muy útil para acercar físicamente al consumidor a las instalaciones empresariales. En ellas uno de los objetivos es crear un clima de satisfacción del visitante, con la consecuencia de una alta probabilidad de compra, el nacimiento de importantes lazos de fidelidad, así como una elevada difusión a través de estos en su entorno. Las visitas guiadas pueden resultar de la iniciativa de la empresa, que invitará a diversas autoridades, consumidores, empresas, etc., o por petición de algunos grupos empresariales, de consumidores, etc.

Debido a la pluralidad de motivos que pueden hacer que la empresa desee organizar una visita guiada, es evidente que no todas son iguales. Lo primero que debe realizarse es la **definición del público** al que va dirigida.

Llegados a este punto es fundamental conseguir que el grupo sea homogéneo, pues en función de las características del público se consideran como puntos de interés unos u otros aspectos. Por tanto, en relación al público asistente se obtiene una amplia clasificación de las visitas guiadas, destacando en este momento: las **visitas de delegaciones extranjeras,** las **visitas de otras empresas o instituciones** y las cada vez más en uso **jornadas de puertas abiertas.**

Las primeras se realizan generalmente cuando la empresa es una multinacional, aunque no siempre debe ser así puesto que puede darse el caso de empresas nacionales que trabajen con clientes o proveedores extranjeros. Consisten en la visita de los ejecutivos de las entidades extranjeras a las instalaciones de la empresa nacional.

Por otro lado, las visitas de otras empresas o instituciones son las que realizan los clientes actuales o potenciales, los proveedores, las autoridades, los grupos especializados, etc.; mientras que las jornadas de puertas abiertas constituyen una acción de comunicación empleada por las empresas o instituciones para mostrar sus productos, servicios e instalaciones a una cantidad masiva de visitantes durante toda una jornada laboral.

Independientemente del tipo de visita guiada que se organice así como de quién sea la iniciativa de llevarla a cabo, para su organización hay que tener presente algunos aspectos tales como:

Preparación

Es la fase de la puesta a punto de la visita, es decir, el momento en el que se realizan todas las tareas necesarias para que esta resulte atractiva para los visitantes. Entre las tareas a tener en cuenta se encuentran las siguientes:

- Definir al grupo de visitantes. Es aconsejable una media de veinte miembros, evitando siempre superar los treinta visitantes.
- Seleccionar el recorrido que se desea realizar y fijar cuáles son las instalaciones que se van a mostrar, las de mayor interés para la empresa y para el visitante.
- Determinar, en caso de que sea necesaria la exhibición del ejercicio de una tarea, qué trabajador será quien la lleve a cabo.
- Comprobar que las instalaciones están en perfecto estado de funcionamiento y de seguridad.
- Establecer la ornamentación de la visita: elementos de embellecimiento de la estructura del recorrido de la misma.
- Elaborar la documentación que se va a entregar al visitante, así como preparar los artículos con los que se le va a obsequiar.
- Envío de las invitaciones a los visitantes con la documentación del programa de la visita, así como con la información de otros datos de interés.
- Convocar a los medios de comunicación cuando se desee que la visita tenga una gran difusión.

De todos estos puntos, en este tipo de eventos toma especial importancia la **seguridad.** Siempre que se trabaja con público, como es el caso de las visitas guiadas, se deben extremar las medidas de seguridad, en especial en aquellas donde se pasa cerca de maquinarias pesadas, se hacen demostraciones de unidades especiales, etc.; es decir, cuando el lugar visitado implica ciertos riesgos. La prioridad está en adelantarse a los acontecimientos previendo los posibles riesgos y actuando hacia su erradicación, minimizando de este modo la posibilidad de sufrir accidentes.

 Importante

En visitas a empresas donde hay maquinaria o se realizan trabajos con cierto riesgo es muy importante mantener altas medidas de seguridad.

Desarrollo

La visita guiada se inicia con la recepción de los visitantes, a los que se les dará la bienvenida en un lugar habilitado previamente para ello y en el que se les podrá proyectar un video informativo de la entidad (con una duración entre diez y quince minutos), así como se hará la presentación de la persona que les acompañará durante la visita y que hará de guía.

Tras la bienvenida dará inicio la visita en sí, que se **desarrollará** según lo establecido en el itinerario diseñado en función del objetivo de la misma. Durante todo el recorrido los visitantes estarán acompañados por el guía, que les irá explicando todos los puntos de interés y responderá a las preguntas que le formulen.

Tras finalizar el recorrido, los visitantes serán nuevamente reunidos en la sala donde se les dio la bienvenida, donde se procederá a la **clausura** de la misma. En este momento se puede abrir un coloquio que quedará cerrado con las palabras de agradecimiento por parte de la persona que les ha acompañado durante la visita o por algún cargo importante de la entidad. Es el momento de obsequiar a los visitantes con la entrega de regalos o de servir algún vino, en caso de que así se haya establecido.

Respecto a la **difusión de la visita** pueden distinguirse dos alternativas:

- En las visitas relevantes, generalmente por la presencia de alguna autoridad o personalidad, existirá la asistencia de medios de comunicación, a los que una vez concluida la visita se deberá entregar una nota de prensa que también se podrá enviar a los demás medios que aunque no hayan acudido estén interesados.
- Otra opción para difundir este evento es crear un concurso de fotografía, en el que se invite a los visitantes a realizar fotografías durante la visita para su posterior publicación en una web, de este modo se ampliará el tráfico por la web, dando lugar a una amplia difusión de la visita.

4.3. Inauguraciones y aniversarios

Son dos actos que llevan a cabo las empresas e instituciones, que tienen en común el que hace referencia al momento en el que se inicia la actividad empresarial, pero con diferencias en muchos aspectos, de ahí que su estudio se realice por separado.

Inauguración o ceremonia de apertura

Es el acto mediante el que se da inicio a la actividad empresarial. Puede considerarse como el **nacimiento** de una empresa, institución o edificio importante; por ejemplo, hospitales, monumentos, colegios, estatuas, etc., una vez finalizada la obra, o como el inicio de la prestación de un nuevo servicio.

Por lo general, durante el desarrollo del acto se muestra una parte relevante de las instalaciones y no su totalidad.

Reflejo del acto simbólico que se lleva a cabo durante la ceremonia de apertura.

Al igual que en los demás eventos en la organización de la inauguración pueden diferenciarse diversas fases:

- **Preparación:** durante esta fase debe ponerse especial interés en la selección de **invitados**. Su cantidad y categoría dependerá de la importancia de la obra o servicio que se inaugura. El anfitrión es el encargado de decidir si asistirán o no autoridades al evento y qué otros invitados le acompañarán. No obstante, en estos eventos siempre debe existir la presencia de una autoridad que presida el acto. Por tanto, como invitados a una inauguración se pueden diferenciar:

■ Anfitrión o corporación anfitriona.
■ Autoridad que preside.
■ Demás autoridades.
■ Invitados generales.

■ **Desarrollo:** relativo a todo el procedimiento a seguir para llevar a cabo la inauguración o ceremonia de apertura en sí, es decir, el momento del acto. El mismo seguirá las siguientes pautas:

■ La inauguración se inicia con la **recepción,** que constituye una fase de gran importancia. El anfitrión y la corporación anfitriona serán los encargados de recibir a los invitados en el lugar que previamente ha sido establecido como área de acceso a la obra que se va a inaugurar.

■ La persona anfitriona estará encargada de recibir a las principales autoridades, quienes tras ser saludadas esperarán la llegada de la autoridad que presidirá el acto, además de al resto de invitados cuando así se establezca.

■ La recepción de la autoridad presidente del acto depende de la relevancia de esta. Cuando se trate de una alta autoridad del Estado o de una comunidad autónoma, le darán la bienvenida las demás autoridades según su orden de precedencia y posteriormente será saludada por la persona anfitriona y su corporación. Mientras que si la autoridad que preside el acto no se considera relevante, será saludada en primer lugar por la persona anfitriona quien la recibe directamente y, a continuación, las demás autoridades la saludarán de modo informal, seguido del saludo del resto de la corporación.

■ El **descubrimiento de la placa** es el acto que representa el hecho que está aconteciendo. Por lo general se realiza al inicio, tras los saludos de la recepción. Para ello quien ejerce el papel de anfitrión invitará a la presidencia del evento, cediéndole la posición más cercana a los tiradores (de la placa), pues será la encargada de descubrir la placa conmemorativa. Esta recoge el hecho, la fecha y quién inaugura. Se colocará en un lugar de fácil visibilidad y honorable. Siempre que sea factible estará a una altura de unos dos metros del suelo, permaneciendo cubierta con una tela hasta que quien preside la retire a través de los tiradores. El resto de autoridades, corporación anfitriona e invitados permanecerán en un segundo plano. Es habitual que frente a la autoridad se sitúen los medios de comunicación que cubran el evento.

Descubrimiento de la placa de manos de la presidencia

La inauguración puede desarrollarse con los asistentes tanto de pie como sentados, a elección de la organización. El orden de intervención lo inicia el anfitrión y lo cierra la persona que preside. En caso de que participen otros miembros de la corporación anfitriona, abrirá el de menor cargo, siguiendo el orden de precedencia de menor a mayor, pudiendo cederse la palabra a otros miembros entre la participación del anfitrión y de la presidencia.

Es aconsejable que durante el acto se ofrezcan ciertas explicaciones técnicas relacionadas con lo que se inaugura, que las llevará a cabo el técnico que corresponda, resultando habitual que se ayude de medios audiovisuales que faciliten la comprensión.

Se finaliza con la firma por parte de la autoridad principal en el libro de honor.

 Nota

Siempre debe existir la presencia de una autoridad que presida el acto de inauguración.

En cuanto al **obsequio final,** cuando los anfitriones consideren la entrega de un regalo recordatorio del acto deberán hacerlo durante la despedida. No obstante, al invitado de honor se le suele hacer entrega del obsequio en el momento de la firma del libro de honor o en un instante posterior generalmente en privado.

Aniversarios

Estos son actos de conmemoración celebrados con motivo del cumplimiento de años de un acontecimiento. En el ámbito empresarial hace referencia a la fecha en la que quedó fundada la entidad. Por lo general, en las empresas se celebran aniversarios especiales cada cinco años. Y como objetivos pueden marcarse los siguientes:

Objetivos

↓

1. Corporativismo

↓

2. Reforzar lazos con clientes y proveedores

↓

3. Relacionarse con las instituciones

↓

4. Ampliar la proyección

Además, para la correcta celebración de los aniversarios se diferencian las siguientes fases:

- **Preparación:** en esta fase destaca la selección de **invitados.** Es frecuente la asistencia de diversas autoridades, resultando posible que la persona anfitriona conceda la presidencia a alguna de estas autoridades. El resto de invitados habrá que clasificarlos, estableciendo quiénes constituyen la presidencia y cuál es el rango de cada uno.
- **Desarrollo:** al igual que en la inauguración a su vez se distinguen las siguientes fases:

  - El inicio del aniversario se da con la **recepción.** El anfitrión y la corporación anfitriona darán la bienvenida a todos los invitados y les invitarán a que ocupen su lugar. Si asiste alguna autoridad de importancia la persona anfitriona y todo su equipo anfitrión la recibirán y darán la bienvenida según el orden de precedencia, siendo acompañada hasta que tome su lugar.
  - El **desarrollo y descubrimiento de la placa** se lleva a cabo cuando quien preside el acto está junto a esta y los demás miembros ocupan su posición; la autoridad que preside descubrirá la placa tras finalizar el discurso de los miembros de la presidencia.
  - Al igual que en la inauguración, se reserva la zona frente al cargo que preside para los medios de comunicación, que se encargarán de inmortalizar el evento.
  - El aniversario **finalizará** con el ofrecimiento de un vino de honor, y una vez tomado los miembros de la presidencia se encargarán de despedir a todos y cada uno de los invitados.

Actividades

2. Señalar qué son los eventos y para qué se celebran.
3. Indicar la diferencia principal entre inauguración y aniversario.

4.4. Entregas de premios

Cuando algún o algunos miembros de una empresa realizan un excelente trabajo alcanzan una victoria profesional. En muchas empresas, además del reconocimiento de su labor por parte de sus compañeros, la organización suele realizar una ceremonia donde se le haga entrega de un premio al profesional como modo de homenajearle y reconocerle su trabajo duro y gran compromiso. Algunos de los motivos que justifican la celebración de este tipo de eventos son los siguientes:

- Es una técnica que consigue que la gente considere que su trabajo es apreciado.
- Los reconocimientos hacen que las personas se motiven.
- Estas ceremonias son oportunidades para la celebración y reflexión.

 Importante

Los premios deben reconocer el buen trabajo o la excelente trayectoria de un profesional, y por ello se deduce que deben ser coherentes y justos.

Preparación

Para el buen desarrollo de la ceremonia previamente habrán de llevarse a cabo ciertos requisitos, tales como:

- Selección de los **miembros premiados.** Es importante saber que si en un momento dado alguien es premiado por el logro de un objetivo, la consecución futura por otro miembro del mismo objetivo también conllevará a un reconocimiento similar, de lo que se deduce que los premios deben ser **coherentes** y **justos.** Cuando existe más de un premiado previamente hay que establecer el orden de entrega.

- Elección de **invitados:** altos cargos, empleados o empleadas, autoridades y acompañantes de los premiados o premiadas.
- Quién o quiénes llevarán a cabo la **presentación de la ceremonia** y quiénes realizarán la **entrega de premios.**
- Establecimiento del **lugar** donde se desarrollará la ceremonia. Dependerá del número de asistentes así como del tipo de ceremonia que se desee celebrar.
- Preparación de toda la **documentación necesaria:** invitaciones para los asistentes, guiones para los oradores y listado de premiados para la secretaría.
- Creación de rótulos expuestos durante la ceremonia.
- Definir **qué premio se entrega:** debe ser acorde con la persona y la situación. Algunos ejemplos: estatuillas, certificados, placas, regalos personales, promoción profesional (ascensos), etc.

El premio Nobel es el más conocido, se entrega anualmente a personas que efectúen investigaciones, ejecuten descubrimientos, lleven a cabo el mayor beneficio a la humanidad o a la sociedad.

El premio Óscar es otorgado por la Academia de las Artes y las Ciencias Cinematográficas de EE. UU.

*El premio Booker se entrega desde 1968
y es uno de los galardones literarios más
prestigiosos del mundo de habla inglesa.*

- **Adecuación del lugar:** colocación de mesas y sillas, ubicación del decorado, es decir, colocación de flores, banderas y enseñas, carteles de promoción del evento, centros en las mesas, tarjetas personales de identificación sobre las mesas y distribución de asientos para los invitados, situando a los premiados en las primeras posiciones.

Por último, en función del tamaño del evento y del tipo de ceremonia que se desee llevar a cabo, existirán ocasiones en las que se delegarán tareas en el comité u otra persona, un **ayudante.** Esta acción es aconsejable, ya que en multitud de ocasiones la organización de una entrega de premios puede resultar agotadora.

Desarrollo

Finalizada la puesta a punto, llega el día de la ceremonia de la entrega de premios, y su **desarrollo** se llevará a cabo del siguiente modo:

- El presidente de la empresa, acompañado por otro miembro del consejo, recibirá a los invitados.
- Los invitados accederán al lugar donde se celebra la entrega de premios y esperarán hasta que, una vez acomodados todos los invitados, hagan aparición los homenajeados y el resto de miembros de la presidencia, quienes esperaban en una sala contigua.
- El presidente de la empresa dará apertura al acto.

- El secretario del consejo realizará la lectura de los acuerdos por los que se conceden dichos premios.
- Reconocimiento de los méritos de las personas premiadas mediante la lectura de sus currículos.
- El presentador o secretario llamará de uno en uno a quienes son homenajeados para recoger su premio.
- Seguidamente se cederá la palabra a un premiado o premiada, quien en representación del grupo ofrecerá ciertas palabras de agradecimiento.
- Para concluir el acto, la autoridad máxima presente en el evento ofrecerá un discurso y clausurará el acto.
- Tras la clausura del acto se invita a las personas premiadas a firmar el libro de honor de la entidad; mientras el resto de asistentes pasan a otro lugar contiguo donde se les ofrecerá un cóctel o vino.
- Finalmente si el evento ha sido cubierto por medios de comunicación se les entregará un dosier resumen, con documento fotográfico inclusive, de los momentos y actuaciones destacables del acto.

 Actividades

4. Señalar si se puede afirmar que siempre que se consiga una victoria laboral hay que celebrar una entrega de premios. Razonar la respuesta.

4.5. Asambleas

La asamblea general constituye el órgano de gobierno máximo de la empresa. En este tipo de reuniones se convoca a todos los asociados de la entidad para tomar acuerdos conjuntos sobre cualquier asunto o función que afecte a la empresa. Esto es posible porque la asamblea general posee competencia absoluta.

Las asambleas celebradas pueden ser de dos tipos:

- **Asamblea general ordinaria:** es la que por ley debe celebrarse una vez al año. En esta todos los socios reunidos toman decisiones sobre la aprobación de las cuentas del ejercicio que termina así como del presupuesto para el que comienza. Los estatutos de la entidad deben recoger la fecha en la que hay que celebrarla.
- **Asamblea general extraordinaria:** toda asamblea celebrada distinta a la asamblea general ordinaria. Las razones que llevan a su celebración son:

  - La situación empresarial lo requiere.
  - El presidente lo decide.
  - La junta directiva o consejo así lo estimen.
  - La solicitud de su celebración por parte de un número de socios que representen al menos el 10 %.

 Nota

La asamblea general ordinaria es obligatoria y se celebra una vez al año.

Con independencia del tipo de asamblea, los estatutos empresariales tienen que recoger el régimen por el que se guiarán las mismas. Por tanto, estos deben contener los siguientes puntos:

- Plazo de convocatoria y quién puede convocarla.
- Cómo convocar: con un mínimo de quince días previos a la fecha en que se prevé celebrar la reunión.
- Mayoría requerida para constituirla: mínimo la tercera parte de los socios presentes o representados.
- Establecimiento inicial del puesto de presidencia y secretaría.

■ Quórum para la aceptación de acuerdos:

  ▪ Asamblea general ordinaria: mayoría simple de los presentes, siempre que los votos positivos superen los negativos.
  ▪ Los acuerdos relacionados con la disolución de la asamblea, la modificación de estatutos, la disposición o enajenación de bienes y la remuneración de miembros del órgano de representación: mayoría cualificada de los presentes, siempre que los votos positivos superen a la mitad.

■ Condiciones para ejercer el voto.
■ Cómo se formalizan y aprueban los acuerdos.
■ Publicación de acuerdos.
■ Cómo impugnar los acuerdos adoptados.
■ Demás asuntos que cada entidad estime necesarios para el buen funcionamiento de la misma.

 Aplicación práctica

En la sociedad anónima que Patricia preside, un grupo de socios que suponen el 15 % han solicitado la primera celebración de una asamblea general extraordinaria. Llegado el día establecido de la convocatoria, se procede a su constitución. Debido a su inexperiencia, Patricia no recuerda cuál es la mayoría requerida para ello.

Ayude a Patricia indicándole la mayoría requerida, así como el documento que recoge todo el régimen por el que se rige la empresa.

SOLUCIÓN

Si Patricia observa los estatutos de la sociedad podrá comprobar que la mayoría requerida para que quede constituida una asamblea general extraordinaria será de un mínimo favorable de la tercera parte presente o representada, el día de la convocatoria.

Actividades

5. Señalar cuál es el órgano máximo de gobierno de la empresa.
6. Averiguar qué es la asamblea general extraordinaria.
7. Indicar si es verdadera o falsa la siguiente afirmación y por qué: "Los estatutos de la empresa solo rigen la asamblea general ordinaria".

4.6. Conferencias

Consiste en la exposición ininterrumpida, salvo excepciones, de una información perfecta y minuciosa, realizada por uno o varios profesionales expertos en la materia ante un público o auditorio, al que se cederá la palabra al final de la misma.

Para el buen desarrollo de la conferencia es necesario que exista un elevado nivel competente del conferenciante, así como una gran cooperación del auditorio. Si esto no sucede, la conferencia puede concluir con la exposición de medias verdades, falta de motivación del auditorio, deformación de la realidad, etc.

Importante

La valía del conferenciante junto con la colaboración del auditorio evitan la presencia de verdades a medias.

A pesar de sus ventajas (la información presentada es formal, rápida, de modo directo y continuada) no es aconsejable un uso elevado de las mismas, pues según los objetivos existen otros eventos que resultan más adecuados.

Las pautas seguidas para su organización son las siguientes:

- Según la materia que se va a presentar, selección del experto o expertos que realizan la presentación. Este puede formar parte de la entidad o no.
- La materia debe exponerse de forma completa y sin confusiones.
- El público o auditorio debe prestar interés y atención a la exposición.
- Para concluir la conferencia, tras la finalización de la presentación, deben destinarse unos minutos a la intervención del auditorio, permitiéndoles que realicen preguntas al experto sobre aspectos que no han quedado claros o sobre cualquier otra cosa relacionada con la temática expuesta o para ofrecer su punto de vista u opinión. Este turno de preguntas debe ser regido por un moderador.

4.7. Exhibiciones comerciales o ferias (temporales o permanentes)

La feria de muestras es una exhibición de productos y servicios que empresas y empresarios exponen para su promoción y venta. Según su duración pueden distinguirse ferias temporales y ferias permanentes.

Por regla general, al hablar de ferias comerciales se piensa en las de mayor envergadura, pero hay que destacar la existencia de otros tipos de exhibiciones comerciales de tamaño menor como, por ejemplo, exposiciones de cuadros, desfiles de complementos, etc.

En función de las características de los expositores que participan en la feria estas se pueden clasificar en:

- **Ferias especializadas:** como su propio nombre indica son ferias especializadas en productos y servicios del mismo sector.
  Ejemplo: Fitur (Feria Internacional del Turismo en España). Feria Internacional del calzado y artículos de piel (MODACALZADO + IBERPIEL).
- **Ferias generales, independientes del sector:** en estas ferias se exponen productos y servicios de multitud de sectores.
  Ejemplo: Fidma (Feria Internacional de Muestras de Asturias), constituye la feria multisectorial más importante de Europa.

En la Expo 92 de Sevilla participaron ciento doce países y la visitaron más de veinte millones de personas.

- **Exposición universal:** evento donde participan múltiples países para exponer sus principales características.
- **Exposiciones de productos:** son eventos de duración prolongada. El objetivo directo de las instituciones o empresas que exhiben no es tanto comercial, sino adquirir un elevado prestigio. En estas exposiciones, debido a que son duraderas e incluso permanentes, los productos expuestos pueden ir cambiando.
- **Ferias virtuales:** como causa de la proliferación de las tecnologías no pueden faltar este tipo de eventos. Estas ferias proporcionan a las empresas una elevada cantidad de visitas de clientes de cualquier parte del mundo, a cualquier hora durante todo el tiempo que dure la misma.

La gran diferencia entre feria y exposición es que en la primera los productos que se exhiben también pueden venderse, mientras que en la exposición no pueden venderse, es decir, simplemente se muestran.

FERIA	EXPOSICIÓN
Exhibición y venta de los productos	Exhibición de los productos

Pautas y rasgos característicos

Algunas de las peculiaridades que caracterizan a las ferias frente a otro tipo de eventos son las siguientes:

- Las ferias tendrán una duración establecida por la entidad organizadora que en ningún caso podrá ser superior a quince días. Como se ha comentado anteriormente, deben ser de periodicidad anual como mínimo, excepto que concurran motivos de especial interés social o económico.
- De su clasificación se deduce que las ferias pueden ser internacionales y nacionales, pero también regionales, provinciales y locales.
- Las ferias de gran envergadura suelen prepararse con una antelación de un año debido a la multitud de requisitos que precisan, dando lugar a una organización muy compleja.
- Dentro de los objetivos al participar en una feria están:

  - Establecer relaciones directas entre el comprador y el vendedor.
  - Saber cuáles son las tendencias del mercado.
  - Conocer mejor a la competencia.
  - Saber cuál es la aceptación por parte de los consumidores.
  - Alcanzar un elevado mercado de modo más económico.

- Selección de la feria más adecuada para participar en ella. Para elegir la feria acertada es primordial realizar una correcta clasificación de la empresa, pues así se podrá obtener el máximo provecho de la participación en la misma.

Recomendaciones para un buen desarrollo

El buen transcurso de la feria es vital pues es un factor muy importante para la consecución de los objetivos de la misma. Para ello es aconsejable seguir las siguientes recomendaciones:

1. Para el establecimiento de la fecha de celebración de la feria o exhibición comercial, la entidad organizadora debe asegurarse que las autoridades invitadas para inaugurar el evento pueden asistir en ese día concreto.

2. Cada vez es más frecuente que las ciudades dispongan de salones destinados a la celebración de este tipo de eventos, pero cuando no sea así habrá que determinar el lugar en el que se celebra la feria.

3. Elaboración de un presupuesto de intervención en la feria y obtención de financiación, para asegurarse de poder hacer frente a los gastos.

4. Qué tipo de *stand* se utilizará y cómo estará decorado. Hay que intentar que la ubicación del stand dentro de la feria sea la mejor posible y siempre próximo al resto de stands con su mismo producto.

5. El personal que participe en la feria actuará como representante de la empresa y, por tanto, debe estar preparado, disponer de formación técnica y poder de decisión. Si la feria es en otro país debe conocer el idioma del lugar donde se celebra y si no hay que prever la presencia de un intérprete.

6. Trámites administrativos: obtención de licencias y permisos necesarios para el buen desarrollo del evento.

7. Si la feria es general, hay que diseñar las diferentes zonas según cada sector.

8. Montaje de stands en el pabellón previo diseño de la distribución en este.

9. Instalación de oficinas de información, que guíen e informen al público asistente.

10. Alquiler del mobiliario para los stands, contratación del servicio de *catering* para el personal de las entidades participantes, contratación de técnicos de iluminación y sonido, servicio de floristería y decoradores, etc.

11. Por lo general, a este tipo de evento acude una elevada cantidad de público, ello hace que sea importante la existencia de una buena organización: control de entradas y salidas, habilitar una zona de parking, etc.; así como la seguridad de todos se convierte en prioridad, existiendo para ello presencia de equipos de seguridad, sanitarios y médicos.

12. Personalidades y autoridades son invitados tanto para el acto inaugural como para el de clausura, generalmente miembros relacionados con la temática de la feria.

13. Público general: normalmente todo el que quiera asistir al evento.

14. Medios de comunicación: son muy importantes, a través de ellos se produce una gran difusión de la feria, por lo que hay que tenerlos muy presentes y darles un buen trato.

Recuerde

El segundo recinto ferial mayor de Europa está en España, constituido por la institución Fira Barcelona, con una superficie de 340.000 m^2 divididos en cuatro edificios.

4.8. Colocaciones de primera piedra y botaduras

Ambos son actos simbólicos del inicio de una actividad, y se emplean mayoritariamente como herramienta de *marketing* empresarial. Son muy útiles, pues debido a la autoridad que asiste para realizar dicho acto su difusión suele ser muy elevada.

Colocación de la primera piedra

Es el acto simbólico que refleja el inicio de una obra importante, ya sea por su envergadura, por lo esperado de la instalación o por los avances que con ella se llevarán, entre otros. Es una forma de recordarle al público que pronto el proyecto realizado y, en ocasiones, tan deseado se hará realidad.

Siendo exactos hay que decir que no es el inicio real de la obra, pues con anterioridad se han realizado otros trabajos necesarios, de ahí que se defina como un "acto simbólico".

En su organización pueden distinguirse las siguientes fases:

- **Preparación:** durante esta fase del acto se llevarán a cabo las siguientes actividades:

    - Determinar la zona donde se realizará la obra.
    - Habilitación de una zona de recepción de invitados.
    - Condicionar el sitio cercano al lugar donde se va a colocar la piedra. Las dimensiones de este espacio son de unos 4 x 8 metros cercado por un cordón excepto por el lugar más amplio y cercano a la zona de

colocación de la piedra y decorado, normalmente con flores. Frente al lado abierto se ubica una tarima en la que se sitúan las máximas autoridades y personalidades invitadas al acto.

▪ Junto al espacio reservado para la colocación de la piedra habrá una mesa, en la que se llevará a cabo la firma del acta. En esta mesa además del acta pueden encontrarse otros objetos, que se introducirán junto a la piedra en el lugar preparado para esta.

▪ A la derecha de la zona acotada por los cordones y orientados hacia las autoridades se expondrá la maqueta o planos de la instalación a construir, de modo que todos puedan verlo.

▪ Además, para el desarrollo del acto habrá que disponer de materiales tales como: banderas, alfombras, megafonía, adornos, etc.

▪ Disponer de un hueco de tamaño suficiente para introducir tanto la piedra como los objetos que se decidan alojar con ella: moneda de curso legal en el momento, periódicos del día, etc.; estos se meten en un tubo de metal. Es común que la primera piedra esté labrada en una de sus caras indicando la fecha del día en que se lleve a cabo el acto.

▪ Los objetos a introducir, incluida la piedra, deben disponer de un mecanismo que facilite a la autoridad su colocación. Junto a este mecanismo se dispondrá de todo el material necesario para sellar el lugar donde se coloque la piedra.

▪ También existe un espacio reservado, al aire libre o en una carpa, donde se ofrecerá alguna bebida.

Todo ello, tras haber realizado el proyecto del acto, elaborado el presupuesto, seleccionado a los invitados e informado a los medios de comunicación.

■ **Desarrollo:** hace referencia al acto en sí, a la colocación de la primera piedra, durante el que se realizan:

▪ Recepción de invitados y de las autoridades por parte del anfitrión.

▪ Descripción, efectuada por el arquitecto o técnico, de la obra que se va a realizar, apoyándose en el uso de planos y de la maqueta de la obra.

Reflejo de algunos de los elementos necesarios para el desarrollo de la colocación de la primera piedra: explicación mediante el uso de la maqueta, lugar acordonado, hueco para colocar la piedra, invitados y medios de comunicación.

▌ Seguidamente tanto el anfitrión como el resto de autoridades ofrecerán un breve discurso.

▌ Anfitrión y autoridades firman el acta que introducirán en el tubo junto a las monedas, periódico y demás objetos que se consideren simbólicos.

▌ Tras ello el anfitrión autoriza a la máxima autoridad para que proceda a la colocación de la primera piedra, en su urna, así como del tubo metálico, y se echará el primer mortero sobre la piedra, acto que repetirán el resto de autoridades.

El mortero en la construcción es un conglomerado o masa constituida por arena, conglomerante y agua, que puede contener además algún aditivo.

▌ Posteriormente se pasa a la zona habilitada para el vino de honor y se ofrecerá el mismo, donde además se podrán observar los planos y maqueta de la obra.

▌ Para concluir se procederá a la despedida y clausura del acto.

Por último, la colocación de la primera piedra es un acto simbólico por lo que debe ubicarse en un lugar que no entorpezca la continuación de la misma.

Botadura

La botadura como evento es una ceremonia tradicional llevada a cabo para poner a flote en el mar cualquier buque por primera vez. En función de la importancia del buque que se bota se invitará a unas personas u otras (autoridades, personalidades, familiares, amigos, etc.).

 Nota

El primer sumergible (submarino) en España fue botado el día 7 de junio de 1921.

Es un acto importante, pues en él se pone a prueba el trabajo realizado en astilleros, es decir, si todo está como se había planificado y el barco funciona de modo correcto.

En la celebración de este acto hay que tener presente las siguientes consideraciones protocolarias:

- Las autoridades y personalidades más relevantes, así como la madrina del evento, se situarán en una tarima ubicada próxima a la proa del barco, quedando reservados los laterales para el resto de invitados.
- La madrina, que en función del tipo de ceremonia puede ser la esposa, acompañante o hija del jefe o presidente, es la encargada de estrellar la botella de cava en la proa, dando el inicio del funcionamiento del barco en el mar.
- Previo al momento de celebración de la botadura se ofrece una rueda de prensa, y se invita a los medios a visitar los astilleros donde se ha fabricado el barco.
- El desarrollo de este evento dará comienzo, como en el resto de eventos, con la recepción de los invitados y autoridades, a los cuales se les acom-

paña hasta las tarimas o plataformas reservadas para ellos, y se llevan a cabo las siguientes pautas:

▌ El ceremonial de botadura se inicia con la bendición del barco ofrecida por el religioso que asiste al acto.

▌ Tras las palabras del sacerdote, la madrina, junto con la autoridad que organiza el acto, se dispone a cortar las amarras del barco. Será entonces cuando el buque descienda hacia el mar y cuando la madrina proceda al choque de la botella de cava contra el casco, dando un nombre al barco. Esta botella estará en suspensión colgada de una cinta con los colores de la bandera del país.

▌ A continuación, se interpreta un himno o música digna para el acto.

▌ Para concluir, los invitados y autoridades, acompañados por el anfitrión, se desplazan a un espacio próximo donde se les ofrecerá el vino de honor e incluso, en función del tipo de ceremonia, una comida.

Botadura del Juan Sebastián Elcano, el 5 de marzo de 1927, buque escuela de la Armada Española, obra emblemática del astillero de Cádiz.

Actividades

8. Averiguar si constituye la colocación de la primera piedra el inicio real de una obra. Razonar la respuesta.
9. Investigar e indicar las distintas modalidades más habituales de botaduras. En función de cada una de ellas, ¿hay que tomar diferentes pautas en la organización de dicho acto? En caso afirmativo, detallarlas.

4.9. Junta de accionistas

La junta de accionistas es el encuentro anual, o de periodicidad distinta fijada en los estatutos de la sociedad, de mayor importancia de las empresas, en la que se da cuenta de los resultados obtenidos en el ejercicio, se aprueban dichos resultados y se toman decisiones sobre los proyectos futuros.

Importante

La junta de accionistas, consecuencia de la repercusión de los acuerdos que se adoptan, supone el evento de mayor importancia de las empresas.

Debido a la elevada cantidad de asistentes que pueden acudir a la junta y a la influencia de cada uno de ellos, en función del capital aportado a la empresa, estos encuentros exigen el cumplimiento de un protocolo que no puede desatenderse.

Por tanto, hay que seguir los siguientes pasos:

- **Invitados:** serán los accionistas de la sociedad. Las invitaciones para informar de la celebración de la misma deben realizarse con una antelación mínima de quince días para las sociedades de responsabilidad limitada y de un mes para las sociedades anónimas; la publicación de la misma será en el diario de mayor circulación en la provincia en donde esté situado el domicilio social. El consejo de administración tiene que enviar una invitación escrita a los accionistas que constituyen el registro de acciones.

- **Distribución de la mesa presidencial:** la presidencia la ocupa, por lo general, el presidente del consejo de administración, quien salvo que los estatutos dispongan otra cosa, será un administrador de la empresa elegido mediante votación por los accionistas de la misma, y a su derecha se encontrará, cuando exista, el invitado de honor. El presidente o la presidenta se sitúa en el centro de la mesa presidencial, colocándose el resto de miembros de la presidencia de izquierda a derecha en función de su antigüedad en la empresa. Es aconsejable que la presidencia la constituyan no más de cinco o siete miembros.

- **Documentos necesarios:** guías para distribuir a los asistentes, guiones para la correcta participación de los miembros de la presidencia, para el correcto seguimiento de los invitados, rótulos de la imagen corporativa, etc. La función general de estos es facilitar el seguimiento de la junta.

- **Medios de comunicación:** cuando se opte por su presencia el gabinete de prensa junto con la organización del evento deben fijar previamente el protocolo que deben seguir, estableciendo el contenido y forma de las notas y comunicados de prensa, así como la zona habilitada para los periodistas.

- **Desarrollo:** la junta de accionistas se inicia con la recepción de los invitados, siendo el anfitrión quien, una vez más, tome la palabra y dé la bienvenida. Tras su intervención le sucederán el resto de invitados de la mesa presidencial de menor a mayor categoría. Para el buen desarrollo de estos encuentros, la presencia de personal experto en estos eventos, así como de azafatas que faciliten la acomodación de los asistentes, es muy importante. Un requisito básico es que el discurso llevado a cabo durante la junta de accionistas no sea aburrido, de ahí la predilección por discursos de extensión corta y de correcta pronunciación, siguiendo los puntos establecidos en la orden del día. Para finalizar la junta, el anfitrión procederá a la despedida de los accionistas. No obstante, en caso de que el anfitrión no pueda realizar el acto de clausura o el de apertura, nombrará a un representante.

Recuerde

La junta de accionistas queda válidamente convocada mediante la publicación de la misma en el Boletín Oficial del Registro Mercantil y en uno de los diarios de mayor circulación de la provincia donde tenga su domicilio la sociedad, con al menos quince días de antelación, surtiendo a partir de entonces efectos legales.

4.10. Seminarios, foros y simposios

Seminarios, foros y simposios tienen en común el ser técnicas grupales en las que se debate o discute sobre uno o varios temas, pero que a su vez tienen importantes diferencias y, por ello, a continuación se realiza un análisis individual de cada una.

Seminario

Se puede definir como una técnica grupal cuyo objetivo es el estudio o investigación de una temática, en la que sus participantes, constituidos por un grupo de entre cinco y doce miembros, forman parte de un aprendizaje dinámico, siendo ellos los encargados de la búsqueda continuada de información a través de sus técnicas en un entorno de cooperación mutua.

Importante

El objetivo del seminario es la investigación de un tema, buscando información en un entorno de cooperación mutua.

Su duración es de varios días, no más de una semana, con sesiones de dos o tres horas. Las fases que se han de seguir para llevar a la práctica un seminario son:

- **Preparativos:** durante esta fase la entidad organizadora debe:

  - Establecer cuál será la temática a investigar durante el seminario.
  - En función de la temática, pueden facilitarse diversas fuentes donde consultar.
  - Confeccionar una guía en la que se establezcan las pautas para la conducción y organización del grupo.
  - Para la buena coordinación del evento, debe existir la presencia de un responsable. Por tanto, previamente al inicio del mismo, debe nombrarse la figura del coordinador.

- **Desarrollo:** son las pautas que constituyen el seminario en sí:

  - Se inicia con la presentación de la posible guía a seguir, la cual una vez discutida y aprobada quedará convertida en guía absoluta. Tras la discusión la agenda resultante puede ser la presentada por el organizador con o sin modificaciones.
  - A continuación se ponen a disposición de los participantes las fuentes donde podrán realizar sus consultas.
  - Se presenta al coordinador así como se nombra al secretario o secretaria que se encargará de la anotación de conclusiones y resultados finales.
  - Tras todo ello, da inicio el objetivo de todo seminario, que consiste en el enfrentamiento de las ideas de cada uno de los participantes para llegar a una idea aceptada por todos. Estas ideas son el resultado de las consultas tanto en los documentos ofrecidos por la organización como de las realizadas en otras fuentes propias como pueden ser: consultar a expertos, ayudarse de asesores, inspeccionar otras fuentes, etc.
  - La conclusión del seminario estará dada por el debate y valoración por parte de los participantes de los resultados obtenidos de sus investigaciones, procediéndose a la redacción de los objetivos alcanzados, que serán anotados por el secretario o secretaria.

■ Si el grupo cuenta con más de doce miembros, debe dividirse desde el inicio en subgrupos iguales, que deben actuar siguiendo la misma agenda. En este caso, una vez concluido el debate y redactados los objetivos, cada subgrupo presentará sus resultados a todo el seminario, quienes dirigidos por el coordinador del seminario debatirán hasta determinar los resultados del mismo.

■ La actividad final del seminario consiste en evaluar la labor realizada. Esta evaluación se lleva a cabo mediante la técnica o técnicas que el grupo estime de mayor conveniencia.

Foros

Consisten en una dinámica de grupo en la que se dialoga y discute una temática de interés común para todos. Por lo general, en estos debates suele intervenir un moderador, que se encarga de la dirección del diálogo, cuyo objetivo es conocer la opinión de los participantes sobre un asunto en particular.

Las pautas seguidas en la **organización y desarrollo** de un foro son las siguientes:

■ El foro se inicia con la presentación del tema a discutir. Esta presentación viene de manos del moderador, quien también enuncia las reglas de participación en el foro y realiza la presentación de los miembros que van a participar en el debate.

■ Tras ello, dará inicio el foro con la intervención de todo y cada uno de los participantes, quienes expondrán sus opiniones en un tiempo igual para todos, fijado con anterioridad. La duración del foro no será superior al mediodía.

■ Durante la discusión o diálogo, la función del moderador es mantener el objetivo del foro, evitando por todos los medios las posibles divagaciones y caos del acto.

■ Llegado al punto en el que se agota el debate sobre el matiz de un tema, quien modera el foro realiza un resumen de lo tratado y procede al inicio del debate de otro matiz.

■ El foro finaliza cuando concluye el tratamiento de la temática presentada para discutir, es decir, una vez que se conocen las opiniones de todos los participantes y se obtienen conclusiones alcanzadas mediante el diálogo. Tras ello, se cierra el foro.

Nota

El objetivo de los foros es conocer la opinión de los participantes sobre un tema dado.

Simposio

Esta técnica grupal está formada por un grupo de expertos encargados de desarrollar características de un tema ante un auditorio. Con esta técnica se pretende alcanzar una idea lo más clara posible sobre el tema tratado. La participación de los miembros será individual durante un periodo de entre quince y veinte minutos para cada uno. Puede ser que las opiniones de estos sean concurrentes o no, lo fundamental es que cada cual exprese su opinión sobre la temática para poder finalizar con el desarrollo lo más profundo posible del tema. La duración máxima de este tipo de eventos será de dos días.

Como consecuencia de la presentación de aspectos particulares de lo tratado, el simposio constituye una herramienta de obtención de información, ya que el objetivo no es la defensa de una opinión sino recaudar información, alcanzando un gran conocimiento especializado sobre el tema.

Importante

La finalidad del simposio es recaudar información y con ella alcanzar una gran especialización en un tema.

Al igual que en las anteriores técnicas grupales se pueden distinguir varias fases:

- **Preparativos:**

  - Elección del tema a tratar.
  - Selección de los expertos, un grupo de entre tres y seis miembros. Cada uno debe ser capaz de dar un enfoque particular según su especialidad. Esta selección la realiza el personal organizador.
  - Es aconsejable celebrar una reunión previa con todos los miembros del simposio para evitar continuas reiteraciones.
  - El organizador se encargará del lugar donde se va a celebrar el acto. Para la correcta visibilidad por parte del público de los miembros del simposio es habitual que estos se sitúen sobre una tarima.
  - Expositores y coordinador se sentarán en una gran mesa hasta el momento en que les toque participar, que se desplazarán hacia un atril situado en una posición estratégica sobre el escenario o tarima.

- **Desarrollo:**

  - Con la exposición por parte del coordinador del tema a desarrollar queda iniciado el acto. El coordinador también se encarga de definir el procedimiento que se ha de seguir, así como de presentar a los participantes ante el público.
  - Concluida la apertura del simposio, el coordinador cederá la palabra al primer expositor, al que le seguirán sucesivamente el resto de miembros según el orden fijado en el encuentro de preparación.
  - El cambio de turno de palabra será introducido por el coordinador, quien aprovechará para ampliar la presentación del exponente del momento, en caso de que la presentación hubiese sido demasiado escueta.
  - La participación total de todos los miembros no debe ser superior a una hora, de modo que dependiendo del número de integrantes del simposio, la duración de su intervención será mayor o menor. Por lo general, la media es de quince minutos por expositor.
  - Para concluir, pueden diferenciarse diversas situaciones en función de lo que la organización establezca, algunas de ellas son:

▌Tras la intervención de todos los participantes el coordinador realizará una **síntesis de las ideas** planteadas.

▌Posible **segunda participación de los miembros** cuando las circunstancias lo admitan. Esta segunda intervención servirá para realizar aclaraciones, ampliaciones o interrogarse entre sí.

▌**Participación del auditorio.**

 Aplicación práctica

Esther le cuenta a un amigo su experiencia como participante de una técnica grupal. Le comenta que el grupo estaba formado por cinco miembros, que todos han expuesto su punto de vista durante un período de unos quince minutos para cada uno y que el moderador realizó muy bien su tarea, evitando que el grupo se alejara del tema a tratar y consiguiendo que todos los miembros expusieran sus opiniones, coincidentes o no entre sí.

Según esta información, ¿en qué tipo de técnica grupal ha participado Esther?

SOLUCIÓN

Esther ha participado en un foro. Se trata de este tipo y no de otro por la presencia de un moderador y porque lo fundamental es que todos los miembros expongan su punto de vista sobre el tema, aunque puedan coincidir. Lo fundamental no es ampliar la información (simposio), ni investigar un tema concreto (seminario).

4.11. Ruedas y comunicados de prensa

La rueda de prensa es un acto de comunicación, que convoca una entidad con el fin de dar a conocer una información o actividad empresarial cuyo deseo es que sea conocida por el público en general. Para celebrarla hay que disponer de unas instalaciones adecuadas, tanto en capacidad como en medios, a las necesidades de la entidad, así como hay que convocar a los medios de comunicación que van a cubrir el acto. Por tanto, deben considerarse las siguientes actividades previas:

- Determinar el número de medios que asistirán.
- En función de los asistentes, comprobar la capacidad del lugar donde se celebrará el acto. Puede ser un lugar cerrado o al aire libre.
- Preparar la documentación a repartir: comunicados, dosieres informativos, etc.
- Habilitar la sala: ubicar a los medios, reservando las primeras posiciones para los medios gráficos, comprobar que todos los medios audiovisuales que se utilizarán funcionan de forma adecuada, que los paneles publicitarios ocupan su lugar y que el decorado es adecuado, especialmente si asisten medios fotográficos y televisión. Todos estos detalles sirven para dar una buena imagen corporativa.
- Hay que redactar y preparar bien el mensaje, tal y como se desea que los medios de comunicación lo difundan. Por tanto, debe ofrecerse un **mensaje preciso y directo.**
- Como siempre el tiempo en las empresas es un recurso muy valioso, por tanto debe establecerse una duración aproximada de la rueda de prensa, en la que hay que reservar un período para la cesión del turno de palabra a los medios, quienes podrán ampliar la información que deseen mediante la realización de preguntas al ponente.
- Convocar a los medios de comunicación que se desea que asistan mediante el envío de un comunicado que contendrá los siguientes datos:

  - Quién ofrece la rueda de prensa.
  - Cuál es el objetivo de la rueda de prensa, para qué se celebra.
  - Fecha, hora y lugar donde se celebrará, con la inclusión de toda la información necesaria para acceder fácilmente al lugar.
  - Carta de confirmación de asistencia. Este documento se envía adjunto al comunicado cuando la entidad organizadora así lo estime.

- El comunicado podrá enviarse por diversos medios: escrito, correo electrónico, fax, etc.
- La rueda de prensa debe celebrarse, en jornada matinal, a partir de las doce hasta la hora de comer y, en sesión de tarde, a partir de las cinco, evitando que sea demasiado tarde, pues no se otorgará tiempo suficiente para que la información sea publicada en la prensa del día siguiente.

- Debe evitarse que la celebración de la rueda de prensa coincida con un acto de gran repercusión social.
- Por último, es aconsejable realizar un seguimiento de la repercusión pública que ha provocado la rueda de prensa.

 Recuerde

Como método de comunicación cuyo objetivo es la trasmisión de una información relativa a la empresa, el mensaje que se transmite debe ser preciso y directo, en definitiva, bien redactado y divulgado.

Comunicado de prensa

Al igual que la rueda de prensa es un acto de comunicación con la diferencia de que este es por escrito o grabado, enviado a los medios de comunicación mediante correo electrónico, fax o por correo tradicional, para que estos lo publiquen. Las informaciones que se anuncian en los comunicados son muy diversas, desde resultados económicos hasta programación de eventos. Para lograr que se publiquen, los comunicados deben regirse por los criterios de comunicación, constando en ellos: **título, subtítulo y texto** principal conciso y claro.

 Actividades

10. Como organizador de una rueda de prensa, señalar qué zona reservaría para la prensa gráfica.
11. Cuando se realiza un comunicado de prensa, averiguar qué ciertos elementos, según los criterios de comunicación, debe tener el texto.

5. Informe del proyecto pormenorizado de la organización del evento

En este epígrafe se va a tratar la **naturaleza** y la **finalidad** del evento, aspectos que coinciden con los del capítulo dedicado a la organización de reuniones; distinguiéndose una serie de directrices en cuanto a la organización, dependiendo del tipo de evento que se vaya a llevar a cabo.

Lo primero que se debe plantear ante la realización de un evento es definir cuáles son sus objetivos y la naturaleza del mismo, diferenciando si se trata de un acto público oficial o no oficial o un acto privado.

5.1. Lugar

El lugar depende del tipo de acto. Hay una serie de aspectos que deben tenerse en cuenta a la hora de decantarse por un lugar determinado, tales como si el evento se celebrará al aire libre o en un recinto cerrado, la adaptabilidad de los accesos, las facilidades del transporte y sus buenas comunicaciones, lo turística o pintoresca que sea la zona, el interior del recinto, etc.

5.2. Fecha y horarios

Todo evento debe contar con una agenda, un itinerario sobre el cual se desarrollarán todas las actividades previstas. Por otra parte, habrá que considerar a la hora de establecer la fecha del evento que esta no coincida con otro tipo de acontecimientos de gran transcendencia, tales como reuniones más importantes, eventos deportivos, fiestas, mítines, congresos, etc.

A modo de ejemplo, a continuación se ilustra una agenda elaborada para un congreso de un día de duración:

9:00. Apertura de puertas y entrega de credenciales a los participantes.
9:30. Presentación del acto a cargo de la Sr. presidente.
10:00. Primera ponencia: del jefe de negociado.
11:30. Descanso.
12:00. Segunda ponencia: del representante de los trabajadores.
13:30. Mesa redonda: habilidades sociales.
14:30. Almuerzo.
16:00. Tercera ponencia: del responsable de recursos humanos.
17:30. Café.
18:00. Cuarta ponencia: del responsable de economía.
19:30. Conclusiones.
20:00. Clausura del congreso.

5.3. Calendario de actos

Se trata de elaborar un itinerario en el que queden reflejados todos los eventos y actos que se celebren durante un determinado periodo de tiempo.

En caso de realizarse actos cuyo periodo de tiempo sea excesivamente largo, se elaborará un **calendario de preparativos,** en el que se incluirán, por periodos mensuales, todos aquellos requerimientos necesarios para llevar a cabo ese evento.

5.4. Recursos económicos. Estimación real de los medios

Una vez conocidas las necesidades específicas del evento, hay que presupuestar lo que va a costar realizarlo. En ello hay que incluir todos los gastos, tanto de los medios técnicos como humanos que vayan a utilizarse para el desarrollo del mismo.

Por otra parte, en esta estimación hay que tener en cuenta también que alguna serie de eventos pueden reportar subvenciones, aportaciones de capital privado o ingresos económicos para la celebración del mismo, del tipo de ferias, congresos, convenciones, etc.

5.5. Asistentes: confirmaciones, anulaciones y en reserva

El perfil de los asistentes estará acorde con el tipo de evento que se organice, así como con los objetivos y la idiosincrasia del acto. Es importante contar con un listado de **personalidades importantes,** asistentes imprescindibles que no deben faltar a cualquiera de las citas que se organicen (responsables de departamento, jefes, etc.).

El listado lo conformará pues esa lista de personas imprescindibles más los participantes al acto (clientes, trabajadores, benefactores, proveedores, etc.). Para poder elaborar dicho listado es habitual que en la invitación, además de informar sobre el encuentro, se le solicite a cada uno de los invitados confirmación de asistencia. Conviene, por otro lado, tener a mano un **listado de reservas,** una relación de posibles asistentes al evento de los que poder echar mano en caso de que fallen los que están previstos en el listado inicial. Una vez concluido el evento se cotejarán el listado de personas que asistieron y el listado de cancelaciones, de manera que se pueda confeccionar una relación de asistentes al acto para organizar futuros eventos de las mismas características.

 Nota

Para la elaboración de la lista de asistentes es importante disponer tanto de un listado de personalidades como otro de reservas.

5.6. Logística: Sala -luz, ruido, tamaño, mesas, visibilidad, distribución de asientos, temperatura y ventilación-, *catering*, medios audiovisuales e informáticos, decoración, seguridad, reserva de hoteles, transporte, restauración, recursos humanos y *outsourcing*

Por logística se entiende el conjunto de medios y métodos que se necesitan para llevar a cabo la organización de un evento. Para la organización de estos eventos se siguen los mismos criterios que para la organización de reuniones.

Sala

Hay una serie de criterios a tener en cuenta para una buena elección del lugar en el que se vaya a celebrar el evento, siendo fundamental el tamaño de la sala. Este debe permitir la realización de todas las actividades que el evento precise. Además, se debe prestar atención a que el lugar disponga de una iluminación adecuada, que esté exento de ruidos, con buena y espaciosa visibilidad, que los asientos estén perfectamente distribuidos y sean cómodos, así como que el lugar tenga una correcta ventilación, tanto en lo que se refiere a calefacción como al aire acondicionado.

Hay que cuidar también otro tipo de elementos que pueden o no estar presentes, ser o no necesarios, en función del tipo de evento a organizar. Ello significa un mobiliario acorde, si es fijo o se puede mover para disponer de amplios espacios según qué actividades se vayan a realizar, tomas de corriente eléctrica para aparatos electrónicos, teléfonos, móviles, portátiles, etc., una zona habilitada para el trabajo del personal de la organización, secretaría, un botiquín, etc.

 Importante

Las formas más habituales de distribución de las mesas y sillas son: mesa rectangular, mesa en forma de elipse o círculo, en forma de U y en forma de V.

Para la ubicación del mobiliario (distribución de mesas, sillas, etc.) también sirven las pautas marcadas en la organización de reuniones.

***Catering*-restauración**

Para ofrecer a los asistentes un ágape (desayuno, comida, merienda o café) se pueden contratar los servicios de un *catering* o bien remitir a los asistentes a un restaurante de la zona que reporte confianza a la empresa organizadora.

Medios audiovisuales e informáticos

En función del evento a celebrar se pueden necesitar más o menos recursos audiovisuales e informáticos: proyectores, portátiles, proyector de diapositivas, altavoces, equipos de sonido, etc.

Decoración

La decoración dependerá del tipo de evento que se lleve a cabo y de la imagen que se quiera proyectar mediante este. Hace referencia tanto al interior como al exterior del lugar donde se celebre el mismo.

La ubicación de los elementos que se emplean en la decoración está previamente planificada, nada se deja a la improvisación. Especial atención se presta a la decoración de las mesas. Entre los elementos decorativos más comunes en los eventos se encuentran: ornamentos florales, tapices, cortinas, banderas, logotipos de la empresa, etc.

Seguridad

Tiene que ver no solo con la seguridad que debe reportar el lugar, sino también con la que debe haber para proteger a los asistentes al evento y que se vele por el buen desarrollo del mismo, así como la seguridad personal que requieran las diferentes personalidades que acudan según su estatus.

Lo habitual es que las empresas contraten dicho servicio a otras externas especializadas en seguridad y que los organizadores se coordinen con el equipo de seguridad contratado para actuar según este les comunique.

Además, existen ocasiones en las que se celebran eventos multitudinarios a los que debido a su gran envergadura acuden los equipos de seguridad del Estado, con los que habrá que colaborar.

Reserva de hoteles

Para el alojamiento de los asistentes hay que tener en cuenta el número y tipo de habitaciones que se requerirán, así como los servicios que se ofrezcan.

Transporte

Hay que tener en cuenta tanto el transporte público como privado, y que el lugar de celebración del acto esté bien comunicado, de tal manera que para los asistentes sea fácil su acceso y localización. También deberá disponer de un lugar para el aparcamiento de los vehículos privados o bien que disponga de acceso a los mismos para la bajada de los asistentes y después se retiren a un parking cercano.

Se puede proporcionar a las personalidades tarjetas o pases especiales, identificativos y personales, para el estacionamiento.

Recursos humanos

Se trata de contratar (o contar con la colaboración) a personal externo que ayude en las tareas de organización y/o celebración del evento: azafatas, técnicos de sonido e iluminación, recepcionistas, informantes, jardineros, aparcacoches, etc. Este tipo de personal va a ser muy importante, ya que estarán en contacto con los asistentes y serán la imagen pública de la empresa.

 Importante

En un evento es muy importante cuidar el aspecto y la vestimenta del personal que ayude a las tareas de organización, ya que este será la imagen de la empresa.

Gran parte de la imagen y el buen recuerdo que del evento se puedan llevar los asistentes se deberá a estos colectivos. Por ello habrá que cuidar no solo su proceder en el trabajo sino su aspecto, su vestimenta.

Outsourcing

A veces, en función del evento, hay que realizar subcontratas. Es decir, contratar los servicios de empresas que realicen los trabajos auxiliares. Como se ha mencionado anteriormente, empresas de *catering* por ejemplo, o bien imprentas para las acreditaciones, los carteles, imagen y sonido, toldos o carpas, etc.

5.7. Material de apoyo: pizarra adhesiva o magnética, rotafolio, cañón de luz, retroproyector, televisión, vídeo, presentaciones, gráficos y diapositivas

En momentos puntuales durante la celebración de ciertos eventos se pueden necesitar determinados materiales de apoyo tales como pizarras, televisores, cañones, pantallas de proyección, etc.; de manera que el mensaje que se desea transmitir durante el evento llegue de forma clara, fácil y dinámica a los asistentes, obteniendo unos resultados más satisfactorios del evento. La elección de un tipo u otro de material de apoyo dependerá del evento, de lo que se desee proyectar y del lugar donde se celebre el acto. No obstante, con independencia del material por el que se opte, todos deberán estar preparados de antemano y listos para su uso en el momento indicado. Obviamente, para poder tenerlos a punto hay que conocer que caracteriza a cada uno de ellos y en qué situación es más favorable su uso:

- **Pizarra adhesiva o magnética:** habitualmente durante el desarrollo de un evento es necesario realizar ciertas anotaciones sobre lo que se expone, por ello su uso es elevado especialmente en encuentros de pocos asistentes. Se trata de un modelo de pizarra muy fácil de usar, que permite borrar lo escrito. Esta necesita rotuladores especiales, y su inconveniente es que no permite la acumulación de mucha información y no se puede guardar lo anotado en ellas.
- **Rotafolio:** es un instrumento de uso frecuente en juntas, conferencias y otro tipo de eventos, para exponer una información ya preparada. Consiste en un caballete sobre el que se colocan las hojas con la información bien planificada y detallada. Su gran ventaja es su bajo coste y uno de sus principales inconvenientes es la dificultad para elaborarlo, consume mucho tiempo.

Ejemplo de rotafolio

- **Cañón de luz:** aparato conectado al ordenador, que permite proyectar una imagen o video sobre una pantalla, junto con la emisión de sonido. Su inconveniente radica en que precisa de oscuridad para su correcta visión.
- **Retroproyector:** aparato muy sencillo, que proyecta una imagen sobre una pantalla, a través de una transparencia que contiene la información proyectada. Es fácil de usar, pues las transparencias se pueden elaborar a mano. Es habitual en eventos no demasiado grandes y también precisa de la oscuridad de la sala.
- **Televisión:** en ocasiones es necesario conectar en directo con algún canal televisivo; para ello se precisa que el lugar donde se desarrolle el evento disponga de conexión a una antena de televisión.
- **Video:** consiste en la emisión de imágenes grabadas con anterioridad, y precisa de una pantalla televisiva a la que estará conectado. A pesar de ser muy útil y utilizado posee el gran inconveniente de la dificultad de su elaboración.
- **Presentaciones:** son uno de los medios más utilizados en la exposición de cualquier tema. Se trata de recursos informáticos fácilmente manejables y que resultan muy vistosos para los demás participantes.
- **Gráficos:** son muy útiles para la exposición de datos, pues facilitan la asimilación de la información. En su empleo hay que ser muy preciso y hacer uso del mínimo texto posible.

- **Diapositivas:** a pesar de la gran calidad de las imágenes que proyecta, está cada vez más en desuso debido a que se deterioran si se proyectan durante largo tiempo y, además, porque la creación de una diapositiva resulta muy costosa y supone una inversión de tiempo elevada. Otro de sus inconvenientes es que precisa que la sala donde se proyecten esté totalmente a oscuras.

En definitiva, al hablar de material de apoyo se hace referencia a todo aquello que no se ha registrado en ningún otro apartado y que, dependiendo del tipo de evento, se puede necesitar en un momento concreto.

5.8. Tarjetas. Colocación de los integrantes. Precedencias

Aparte de la ya conocida necesidad de colocar sobre la mesa presidencial tarjetas identificativas de cada uno de sus miembros, en la que se incluya su nombre y apellidos, cargo o representación, hay que tener en cuenta la ubicación de los diferentes integrantes de la misma mesa. Tanto para la colocación de las tarjetas como para la ubicación de sus integrantes, se seguirán criterios específicos de precedencias, fijados por el protocolo, en función de la finalidad y la naturaleza del evento.

5.9. La documentación previa de los eventos: invitación, convocatoria, saluda, la credencial, dosier, folleto informativo y programa

Todos los eventos requerirán un tipo de documentación previa que se usa frecuentemente en los mismos.

Convocatoria

La convocatoria es un escrito elaborado por quien organiza el evento, en el que se recogen de forma breve y precisa las pautas del encuentro que se va a celebrar, mediante cuyo envío se cita a los invitados para que asistan a ella.

Un requisito muy importante es que la convocatoria se realice con la antelación suficiente para que cada uno de los invitados disponga del tiempo necesario para preparar su participación en la misma.

Invitación

Escrito por el cual una persona, física o jurídica, invita a otra (o a otras empresas) a la asistencia a un evento. Entre quince días o un mes es el tiempo estipulado para enviar con antelación la invitación al evento. Cuando se trate de un almuerzo, comida o cena "en honor de", en la invitación se hará constar el nombre de ese invitado de honor, con las expresiones: en honor de, para presentar a, etc. Pueden distinguirse varias formas en el diseño de las invitaciones:

- **Tarjetón:** invitación en el formato más común y usual para casos referidos a los vínculos sociales. Se realiza en cartulina gruesa y en papel de calidad, con impresiones en relieve. Para ayudar en la confección de la lista de asistentes se puede incluir la fórmula: **"Se ruega confirmación (SRC)"**.

La presidenta de la patronal de empresarios cántabros

se complace en invitarle a la inauguración del nuevo parque empresarial Las Cumbres que tendrá lugar en el mismo parque empresarial de la ciudad de Coín el 22 de enero a las 12:00 horas

SCR

Ejemplo prototipo de invitación general

- **Saluda:** es otra forma de realizar la invitación a un acto distinta a la fórmula general. Se trata de una invitación solemne, y su uso es habitual para invitar a organismos oficiales y a altos representantes de una empresa.

La presidenta de la Asociación de Afectados por Enfermedades Raras
Saluda

A Dña. Jacinta Cruz Ahumada Ilustrísima alcaldesa de la ciudad de "Ubrique y tiene el honor de invitarla al acto de celebración de las Bodas de Oro de la Asociación, que tendrá lugar el próximo 23 de septiembre a las 22:00 horas en el Palacio de Vistalegre de dicha localidad.

Herminia Pulido Gracia aprovecha la ocasión para reiterarle el testimonio de su consideración más distinguida

Ubrique, a 3 de septiembre de 2023

Ejemplo prototipo de invitación mediante saluda

 Importante

La invitación a un evento se debe mandar con una antelación entre quince días y un mes.

La credencial

Es una ficha plastificada con una pinza o cordel a modo de sostén, y que identifica como participantes del evento a los asistentes al mismo. Incluye el nombre y apellidos del participante así como su cargo o función.

Folleto informativo

Se trata de una documentación donde se recoge la programación, la agenda de actos, etc. Puede realizarse en formato papel o bien en soportes digitales. Generalmente son utilizados para muchos tipos de eventos y contienen información muy resumida y precisa, acompañada de ilustraciones, todo a modo de *"flash"* sobre el evento en cuestión. Del mismo formato que los folletos están los dosieres, con información más amplia y detallada del evento.

Programa

Contenido implícito del evento desglosado, por lo general, en horarios. Incluye, aparte de los horarios de las diferentes actividades, ponencias, los actos menores dentro del mismo, etc.

 Actividades

12. Elaborada la lista de invitados a un evento, señalar si es conveniente disponer de un listado de reservas.
13. Comentar cuál es la diferencia entre convocatoria e invitación de un acto.

5.10. La documentación posterior al evento: informe, resultados económicos y la certificación del evento

Al igual que en las reuniones, la organización del evento quedará finalizada con la elaboración de ciertos documentos y no con la simple clausura del acto. Entre estos documentos se pueden distinguir los que se señalan a continuación.

Informe final

Se trata de realizar una evaluación de todos los procedimientos acontecidos durante el evento para verificar si se ha seguido o no la agenda prevista, contemplando todas las incidencias que se hayan producido a lo largo del mismo, para que, en el caso de ser negativas, no vuelvan a producirse. Estos informes son una fuente fiable para encarar la organización de eventos futuros y ayudan a mejorar la organización de los mismos. Se puede elaborar un informe final en forma de dosier para difundirlo entre medios de comunicación, empresas, clientes, etc.

Importante

El informe final tiene un gran valor ya que puede recoger las incidencias negativas que se hayan producido en un evento, para corregirlas y que no se vuelvan a producir en los actos futuros que se lleven a cabo.

Resultados económicos

Como ya se ha visto, para la organización de un evento se dispone de un presupuesto limitado al que hay que ajustarse y cuyo cumplimiento es fundamental. A pesar de que la consecución de los objetivos constituye el fin de los eventos, bien es cierto que en el desarrollo de toda actividad empresarial la partida económica es muy importante.

Para realizar el seguimiento de la partida económica de cada evento, tras finalizar el mismo se calculan sus resultados económicos, es decir, se elabora el balance de ingresos y gastos que ha reportado la celebración del evento. De su elaboración se encarga el departamento de contabilidad de la empresa y sus resultados, además de para valorar el evento llevado a cabo, también serán útiles para la organización de futuros acontecimientos, corrigiendo o evitando posibles gastos innecesarios.

Certificación del evento

Una vez finalizado un evento, es habitual entregar a los asistentes algún tipo de certificado o diploma que acredite su presencia en el mismo. Suelen contener el nombre del asistente, el tipo de evento y el tiempo que ha durado este.

6. Listado de comprobaciones. El papel del secretario el día del evento: preparar, comprobar y atender

El listado de comprobaciones es una selección de acciones a realizar antes o durante la realización del evento. Su objeto es llevar un control de todos los pormenores que se vayan a desarrollar durante el evento; de este modo se evitan sorpresas inesperadas y se asegura que todo está dispuesto y en orden tanto a la hora de comenzar el evento como en el transcurso del mismo.

Como ya se ha mencionado anteriormente, el día del evento se debe supervisar todo el protocolo, ayudándose de las listas de comprobaciones y observando que todo es correcto y está en orden. Para ello, y sobre todo si el acto es multitudinario, se puede disponer de un equipo colaborador o auxiliar en el que se puedan delegar algunas de las acciones que competen a la persona responsable del departamento de secretaría de la empresa, pudiendo esta persona prestar una atención más concreta a las personalidades importantes, autoridades o invitados. Sobre todo se debe estar alerta ante los cambios de última hora, de ahí que deban repasarse pormenorizadamente todos los detalles del evento. En esto puede ser útil:

- La verificación de asistencias.
- Asegurarse de que los asistentes están inscritos en los hoteles y que tengan asignadas las habitaciones previstas.
- Que el personal de la empresa implicado en el evento esté perfecta y debidamente informado.
- Realizar las comprobaciones oportunas sobre los diferentes pedidos específicos para ese evento: *catering*, restaurante, materiales, etc.

 Aplicación práctica

La empresa COSITAS S. L. ha convocado una rueda de prensa para presentar su nueva colección limitada de fundas para tabletas o *"tablets"*. Llegado el día previsto para la celebración de la rueda de prensa, durante las comprobaciones llevadas a cabo por el

Continúa en página siguiente >>

<< Viene de página anterior

asistente de dirección, este descubre que el número real de asistentes será superior al que habían estimado, pues ha aparecido un listado de confirmaciones que no se había tenido en cuenta para la ubicación y distribución de los asistentes.

Debido a que los asistentes están de camino y a la imposibilidad de avisar a todos para comunicar un nuevo lugar de celebración del acto, el responsable decide que tiene que organizarse en las instalaciones de la entidad, como estaba previsto. El problema radica en que estas no disponen de una sala donde poder albergar a todos.

Según usted, ¿qué debería hacer el asistente para solventar el imprevisto y cómo debe llevarlo a cabo?

SOLUCIÓN

Ante estas circunstancias podría optar por dos opciones:

1. En caso de que las instalaciones dispongan de una zona exterior donde poder celebrar la rueda de prensa y consiguiente presentación del producto, así como que las condiciones climáticas lo permitan, podrá reubicar todos los elementos necesarios a dicha zona exterior, debiendo valerse de otros compañeros para que todo esté a punto a tiempo. Bien es cierto que ante estas circunstancias debe valorar que si la presentación precisa de medios audiovisuales que necesiten oscuridad del lugar, no podrá desplazar la rueda de prensa al exterior, a no ser que pueda presentar el producto con otros medios que permitan los resultados previstos.
2. Por otro lado, puede optar por emplear varias salas de la entidad. Con esta opción se evita realizar el traslado de todo y podrá mantener la presentación tal y como estaba prevista. Para ello, habilitará otra sala donde ubicará al resto de asistentes. Para el seguimiento por parte de estos del acto, debe instalar una cámara en la sala donde se celebra la rueda de prensa, que permita el sonido, y la conectará a la segunda sala, donde, si está previsto que al final de la rueda de prensa se puedan realizar preguntas, deberá haber un micrófono para que los asistentes ubicados en la segunda sala también puedan participar y así estar en igualdad de condiciones que los otros miembros.

Por último, tanto en un caso como en otro, debe tener en cuenta que los medios gráficos deberán ocupar las primeras posiciones, por lo que, en caso de ubicarlos en dos salas, estos tendrán que estar en la misma donde se realice la presentación del producto.

7. Condiciones técnicas requeridas al bien o servicio contratado. Calidad. Plazos y medios de entrega. Acuerdos verbales o contractuales. Servicios posventa

Durante todo el desarrollo anterior, se ha observado que por lo general en la organización de un evento la empresa que lo organiza no dispone de todos los medios necesarios para su buen desarrollo, viéndose obligado el organizador a contratar el servicio o bien requerido en entidades externas, expertas en la materia. Pues bien, como resultado de la contratación del bien o servicio surgirán ciertas condiciones técnicas que deben cumplirse y será el organizador del evento el encargado de comprobar su perfecto cumplimiento. Las condiciones técnicas que se asocian al contrato normalmente sonlas que se muestran a continuación.

Calidad

En el entorno empresarial es uno de los aspectos de más importancia. Por tanto, es fundamental saber qué es la calidad para posteriormente poder garantizarla.

 Definición

Calidad
Según la norma ISO 9000, es el grado en el que un conjunto de características inherentes cumple con los requisitos.

La calidad, desde la perspectiva de la entidad organizadora, es el cumplimiento por parte de los bienes o servicios contratados de las características necesarias para poder realizar el evento con la finalidad que se organiza y reflejar una buena imagen corporativa.

Es importante saber que uno de los objetivos fundamentales de las empresas es alcanzar la calidad plena, pues de este modo minimizan los errores, con el consecuente aumento de los beneficios totales, de ahí que se dé tanta importancia a esta condición técnica al contratar el bien o servicio y se compruebe su cumplimiento a su recepción o prestación, respectivamente.

Plazos y medios de entrega

El contrato reflejará los plazos en los que se acuerda que se hará efectiva la entrega o prestación del bien o servicio contratado, así como la forma por la que se llevará a cabo esa entrega o prestación. Tanto los plazos como los medios serán en función de los acuerdos que las partes consideren.

Acuerdos verbales o contractuales

El acuerdo es el consentimiento entre dos o varias partes por el que se obligan mutuamente o colectivamente. Estos acuerdos pueden ser verbales o contractuales: los **acuerdos verbales** son los que quedan listos para producir sus efectos mediante el consentimiento **oral** de las partes; mientras que los **contractuales** recogen ese consentimiento por **escrito**. Ambos acuerdos son igualmente válidos ante la ley, pero, debido a la problemática para demostrar los acuerdos orales, en la actualidad la mayoría de los contratos se hacen por escrito.

Servicios posventa

El servicio al cliente no solo se realiza durante la venta, existen una serie de servicios que se llevarán a cabo en un momento posterior, conocidos como **servicios posventa**. A través de ellos, el proveedor puede conseguir la fidelidad del cliente. En la contratación de un bien o servicio para un evento los servicios más destacables son las garantías, tanto de seguridad como de mantenimiento, etc.

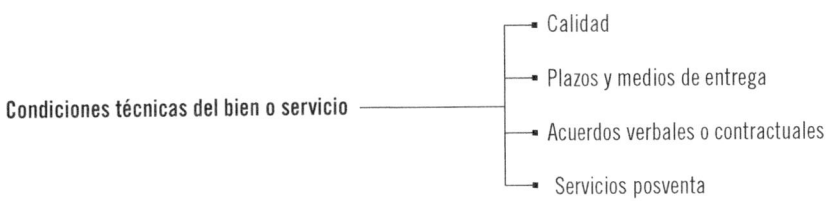

Condiciones técnicas del bien o servicio
- Calidad
- Plazos y medios de entrega
- Acuerdos verbales o contractuales
- Servicios posventa

Actividades

14. Averiguar si son válidos ante la ley los acuerdos verbales y por qué no suelen emplearse en la actualidad.

8. Condiciones económicas requeridas al bien o servicio contratado

Al igual que existen ciertas condiciones técnicas, al contratar un bien o servicio también se acuerdan condiciones económicas. En este caso la labor del organizador es negociar dichas condiciones económicas y conseguir que las mismas se ajusten al presupuesto inicial fijado para la organización del evento. Las condiciones económicas de los contratos serán relativas a los criterios siguientes.

Precios de mercado

Será el gasto que la empresa soporte como contraprestación del bien o servicio contratado. Lo habitual es que este precio esté expresado en unidades monetarias y hay que saber que en él se incluyen los costos y el margen. Estos son:

- **Costos:** incluye el coste de todos los recursos que integran un bien o servicio, es decir: materias primas, mano de obra y costes indirectos (energéticos, amortizables, etc.).
- **Margen:** constituye el margen de beneficio que se aplica sobre el bien o servicio que se contrata. Su estimación se realiza, generalmente, mediante la aplicación de un porcentaje a los costes.

Importante

El precio final de un bien o servicio contratado se ajusta al siguiente esquema: precio final = costos + margen + impuestos.

Además, debido a que las empresas al fijar el precio final están obligadas a cumplir con las normas establecidas por la Administración pública, este incluirá otros costes en concepto de impuestos, así como políticas de descuentos, etc.

Por último, en la fijación del precio es muy importante el papel que juega el mercado donde actúa la empresa, existiendo mayor libertad en la fijación de los precios para aquellas entidades que se sitúan en mercados de monopolio, mientras que en competencia perfecta es el mercado el encargado de establecer los precios sin que la empresa disponga de libertad de actuación.

Condiciones y plazos de pago

Al contratar un servicio o realizar la compra de un determinado bien surgen ciertas obligaciones contractuales consistentes en el pago de un precio según las condiciones acordadas entre las partes. Por tanto, el pago consiste en la extinción de esas obligaciones. Se pueden distinguir dos tipos de pago:

- **Pago al contado:** cuando la cuantía a pagar no es demasiado elevada se tiende a pagar al contado, es decir, en el momento en que se recibe el bien o el servicio contratado. En ocasiones es rentable realizar este tipo de pago, ya que el proveedor, consecuencia de la ausencia de riesgo, realizará considerables descuentos por pronto pago sobre el precio. No obstante, el pago realizado pocos días después de la recepción del objeto del contrato también es pago al contado.
- **Pago aplazado:** este pago se lleva a cabo en un momento posterior al de la recepción del bien o servicio contratado. En el uso de esta modalidad de pago el proveedor asume cierto riesgo de impago, por lo que para contrarrestarlo el precio de venta se verá incrementado por una cuantía

correspondiente a los intereses. Por otro lado, incluidos en este tipo de pago, aparece el **pago a plazos.** Su uso es frecuente cuando la cuantía a satisfacer es elevada, y los plazos de pago serán los convenidos por las partes sin que pueden superar los sesenta días máximos, establecidos por la Ley 15/2010, de 5 de julio.

 Nota

El desembolso que se ha realizado pocos días después de la recepción de la mercancía es el denominado pago al contado.

Descuentos y bonificaciones

Son tácticas comerciales aplicadas a los precios que consisten en la rebaja, disminución del precio del bien o servicio contratado. Se pueden diferenciar los siguientes tipos:

- **Descuento por pronto pago:** se aplica al cliente que realiza el pago antes del vencimiento. Su fin es estimular a los clientes para que realicen el pago de las facturas en períodos cortos, obteniendo el vendedor el dinero en efectivo de modo más rápido.
- **Descuento por volumen:** en contabilidad se conoce como *rappel.* Como puede deducirse se aplica cuando se realiza un volumen de compra elevado. Su objetivo es impulsar al cliente hacia la realización de compras grandes.
- **Descuento comercial:** es el aplicado al precio durante un período determinado, consecuencia de una campaña promocional del bien o servicio contratado.
- **Descuento de temporada:** se aplica cuando el producto o servicio se contrata en temporada de demanda baja.

Condiciones económicas del bien o servicio ——————

- Precios de mercado
- Condiciones y plazos de pago
- Descuentos y bonificaciones

 Aplicación práctica

Pedro realiza el pago de una factura por la compra de pieles para su negocio un par de días después de recibir la mercancía. Antes de hacer efectivo dicho pago, comprueba los conceptos de la factura y observa que hay una partida de intereses aplicados sobre el precio de la mercancía, supuesto recargo correspondiente a los pagos aplazados. Ante esta situación, Pedro comunica el error al proveedor.

Según usted, ¿qué tipo de pago ha realizado Pedro? ¿Es correcta la aplicación de la partida intereses o tendrá el proveedor que modificar la factura?

SOLUCIÓN

Pedro, aunque un par de días después de recibir la mercancía, realiza un pago al contado, por lo que el proveedor debe emitir una factura rectificativa, en la que se detalle la corrección de la partida de intereses correspondiente al pago aplazado.

 Actividades

15. ¿Cuáles son las condiciones económicas contractuales requeridas a un bien o servicio?

9. Medios de cobro y pago, convencionales y telemáticos

Los medios de pago, de cobro para el vendedor, son un instrumento financiero empleado en las operaciones de compraventa, aceptado comúnmente como la contraprestación realizada a cambio de la compra de un bien o servicio, por el que se extingue la obligación. El pago podrá realizarse por cualquier especie (medio) que las partes pacten entre ellas.

No obstante, lo habitual, así como cuando no consta la existencia de pacto, es que el medio de pago utilizado sea el dinero, entendido como el conjunto de monedas, billetes y demás activos que desempeñen la función de pago, tales como: cheques, tarjetas, domiciliaciones bancarias, etc., generalmente expresadas en la moneda de curso legal en España, en la actualidad el euro (€).

Algunos de los medios de pago empleados en el mercado son los que se describen a continuación.

9.1. Monedas y billetes, normativa vigente para la entrada y salida de ciertas cantidades del país

El pago de una compra con monedas y billetes constituye el pago en efectivo. En España, así como en la zona euro, los únicos billetes y monedas de curso legal son los euros, por lo que ningún establecimiento o entidad podrá negarse, siempre y cuando no supere los límites, al pago en efectivo, pudiendo rechazar cualquier otra forma de pago. La Ley 7/2012, de 29 de octubre, limita la cuantía del pago en efectivo, no pudiéndose pagar en efectivo las operaciones cuya cuantía sea igual o superior a 1.000 €. No obstante, el citado importe será de 10.000 € cuando el pagador sea una persona física que justifique que no tiene su domicilio fiscal en España y no actúe en calidad de empresario o profesional. Esta limitación no resultará aplicable a los pagos e ingresos realizados en entidades de crédito.

El Banco Central Europeo (BCE) es quien autoriza la emisión de monedas y billetes en euros y está legitimado a la emisión de los mismos, así como el Banco de España, como banco central español del Eurosistema, también participa en la emisión de monedas y billetes en euros.

La entrada y salida de dinero efectivo de España está limitada por la Ley 10/2010, de 28 de abril, y por la Orden ETD/1217/2022, de 29 de noviembre, por la que se regulan las declaraciones de movimientos de medios de pago en el ámbito de la prevención del blanqueo de capitales y de la financiación del terrorismo, quedando restringida dicha circulación a satisfacer las necesidades de los viajantes en sus traslados al exterior. Según dichas normativas, la cantidad máxima que podrá desplazar una persona física sin necesidad de tener que declarar dicho movimiento es de 10.000 € para la entrada o salida por frontera y en 100.000 € para los movimientos por territorio nacional.

9.2. Tarjetas bancarias: crédito y débito

Son medios de pago emitidos por una entidad financiera. Son un instrumento cómodo, fácil de usar, de aceptación elevada y que suponen un decremento de riesgo, es decir, son más seguras que llevar una elevada cantidad de dinero efectivo, de ahí que sean cada vez más empleadas.

Las tarjetas disponen de una banda magnética, a través de la cual se determina la cuenta a la que está asociada y quién es el titular de la misma. Generalmente como medida de seguridad disponen de un chip diseñado especialmente para proteger al titular de la misma, cuya función es solicitar la inserción del PIN de la tarjeta, siempre que el titular realice un pago a través

Nota

España es el país de Europa que dispone de la mayor red de cajeros y terminales de puntos de venta.

de un TPV (Terminal Punto de Venta).

Como tipología de tarjetas bancarias se pueden diferenciar dos, estas son:

- **Tarjetas de crédito:** son aquellas que posibilitan la materialización del pago u obtención de dinero, por una cuantía de límite prefijado, sin obligación de disponer de fondos en la cuenta bancaria en el mismo momento. Su uso conlleva las mismas obligaciones que la disposición de cualquier crédito, es decir, el titular de la misma debe devolver la cuantía incrementada por la partida de los intereses aplicados. Constituyen uno de los créditos más caros del mercado, con el cargo de comisiones adicionales en caso de impago o demora.
- **Tarjetas de débito:** posibilitan hacer uso de los fondos de la cuenta a la que están asociadas (cuenta corriente o de ahorro). Son válidas para sacar dinero bien en la sucursal, en cajeros, así como permiten realizar pagos en los puntos de venta. Debido al registro inmediato de la operación en la cuenta, es necesario disponer de fondos suficientes para poder realizar la operación que se desee.

 Actividades

16. Si se posee una tarjeta con una limitación de la cantidad a gastar, señalar qué tipo de tarjeta es.

9.3. Cheques de viaje y eurocheques

El cheque es un medio de pago, y se trata de un documento mediante el que una persona (comprador), que será quien lo emite, autoriza a una entidad financiera en la que dispone de fondos a que efectúe el pago de una determinada cantidad de dinero a otra persona (vendedor). Para hacerlo efectivo, el vendedor debe acudir a dicha entidad financiera, quien dará el efectivo. En España la normativa reguladora de las características y peculiaridades del cheque es la Ley 19/1985, de 16 de julio, Cambiaria y del Cheque.

Generalmente intervienen las siguientes personas:

- **Librador:** persona, física o jurídica, que emite y autoriza el cheque.
- **Librado:** entidad bancaria a la que se autoriza para efectuar el pago, con los fondos del librador.
- **Tenedor o beneficiario:** persona, física o jurídica, en posesión del cheque y que puede cobrarlo.
- **Endosante y avalista:** su presencia en el documento es opcional, siendo el **endosante** quien transmite el cheque cuando dicha acción no la realiza el librador; y el **avalista** es el encargado de garantizar el pago del cheque cuando el obligado principal no lo haga.

Al igual que hay que conocer quiénes son los sujetos que deben o pueden aparecer en el cheque, también hay que saber que la emisión del cheque puede realizarse de varias formas:

- **Cheque al portador:** el pago se efectúa a aquella persona que tenga en su poder el cheque.
- **Cheque a la orden:** el pago se efectúa a la persona que el cheque ordena o a quien esta, a su vez, ordene. Para que el endoso de la persona a quien iba dirigido surta efecto, el cheque debe reflejar las palabras "a la orden" seguidas del nombre de a quien se traspasa, y además debe reflejar la firma de quien endosa en la parte posterior del cheque. Si el cheque refleja las palabras "no a la orden", dicho cheque no podrá endosarse.
- **Cheque nominativo:** el pago exclusivamente puede efectuarse a la persona que el cheque indica, sin que pueda endosarse a otra persona. Para ello, quien redacte el cheque debe expresar "pagadero a" seguido del nombre de la persona a quien se dirige y añadir las palabras "no a la orden". Existen ocasiones en las que los cheques ya tienen impresas las palabras "al portador" o "a la orden", en esos casos para convertir el cheque en nominativo hay que tachar con una línea horizontal dichas palabras.
- **Cheque cruzado:** se trata de un cheque que no se cobrará en efectivo (excepto que el tenedor sea cliente de la entidad librada), sino que deberá depositarse previamente en una entidad financiera, donde se realizará el pago pasadas unas horas (veinticuatro, cuarenta y ocho o setenta y dos, e incluso más). El hecho de no poder ser cobrado en ventanilla hace que sea más seguro tanto para el emisor como para el receptor.

Para convertir un cheque en este modalidad, simplemente hay que dibujar dos líneas paralelas y diagonales en la cara anterior del mismo; estas líneas las pueden dibujar tanto el librador como el tenedor.

Nota

En el anverso del cheque cruzado se indica, entre dos líneas diagonales paralelas, el nombre del banquero o sociedad por medio de los cuales ha de cobrarse.

Además de esta clasificación, en función de la forma en que se emite el cheque, se pueden distinguir diversas modalidades, entre las que destacan las que se describen a continuación.

Cheques de viaje

Los emiten las entidades bancarias y demás intermediarios financieros de presencia internacional. Suponen una gran ventaja, ya que se pueden utilizar como dinero efectivo en cualquier parte del mundo y ello es muy importante, principalmente cuando se viaja al extranjero donde, por lo general, no admiten el pago con la tarjeta de crédito.

Además otra ventaja, y siempre que aún no se haya efectuado el cobro del mismo, es que si se pierde o sufre un robo se puede reemplazar por otro.

Por último, estos cheques no están vinculados con ninguna cuenta corriente, por lo que al requerir su servicio se realizará un pago como contraprestación del mismo al recibir el documento.

Eurocheques

Son un documento creado, como sistema de pago, por diversas entidades bancarias de diferentes países de la UE. El talonario de estos está vinculado a una tarjeta de débito electrónica. Aunque cada vez se usan menos, los países de Centroeuropa son los que más lo utilizan.

3

Para concluir, se enumeran las condiciones de las que debe disponer un cheque sin las cuales no surtirá efecto, estas son:

- Indicación en el documento de que es un cheque. Esto se consigue incluyendo la palabra **"cheque"** en el idioma en que se redacte el documento.
- La orden de pagar la cantidad de dinero expresada en euros u otra moneda extranjera.
- Identificación del librado, siempre una entidad financiera.
- Fecha de emisión.
- Firma del librador.

 Aplicación práctica

Daniel ha emitido su primer cheque cruzado, con el fin de pagar el salario de uno de sus trabajadores. Ha optado por esta modalidad por la seguridad que aporta para ambos. Para ello, en el mismo ha indicado: su nombre, la entidad financiera autorizada para realizar el pago, nombre del trabajador (único cobrador), cantidad a pagar, fecha de la emisión y su firma. Con todos estos datos hace entrega a su trabajador del mismo. Este acude a la entidad financiera para ejecutar el depósito de su cheque cruzado en la misma con la sorpresa de que recibe el cobro en el momento. Ante tal hecho le pregunta a usted por qué ha podido realizar dicho cobro en el momento. ¿Ha sido debido a una confusión del trabajador de la entidad financiera?

SOLUCIÓN

Claramente no ha sido un error del trabajador de la entidad financiera, sino de su jefe, que no ha cumplimentado correctamente el cheque.

Para que un cheque tome el carácter de cruzado en él deben aparecer dos líneas paralelas y diagonales. Por lo que el resultado ha sido un cheque nominativo y por ello ha podido realizar el cobro en el momento.

BANCO EUROPEO
Plaza de San Sebastián, 24
29200 Antequera (Málaga)

		CÓDIGO CUENTA CLIENTE		
	Entidad	Oficina	DC	Núm. de cuenta
IBAN ES34	1 4 5 2 0	2 2 9	1 6	0 1 3 7 4 2 1 7 8 3

Euros _____ #6000# €

Páguese por este cheque a _La orden de Alfredo Herranz Ramiro_

Euros ___ *Seis mil* ___

Valencia a treinta de _Diciembre_ de _20XX_

(La fecha debe consignarse en letra)

Nº 5 202 78554

Reflejo de todos los elementos que validan al cheque

9.4. Transferencia y domiciliación bancaria

La **transferencia bancaria** consiste en pasar dinero de una cuenta a otra. En esta operación un ente (ordenante) capacita a su entidad para que abone una cantidad de dinero a la cuenta de otra persona o entidad (beneficiario). La cantidad transferida se carga a la cuenta del ordenante. La cuenta del beneficiario puede ser de la misma entidad bancaria o de otra distinta a la del ordenante. Por otro lado, este tipo de operación va ligada a la fijación y cobro de comisiones, excepto cuando se realizan entre cuentas del mismo titular, que por lo general se establecen aplicando un porcentaje al importe transferido, aunque se fija un mínimo a cobrar. Por último, la norma de Servicios de Pago regula que el gasto por comisiones puede ser compartido entre las dos partes (ordenante-beneficiario), aunque puede que lo pague solo una de ellas cuando así lo acuerden.

La **domiciliación bancaria** es una forma de pago en la que se le da la orden a la entidad bancaria para que regularmente, hasta nuevo aviso, atienda todos los recibos que ciertos entes pasen para cobrar contra una cuenta bancaria específica.

9.5. Empresas dedicadas al envío de dinero

Como se puede deducir las empresas de envío de dinero son entidades que se dedican a la transmisión de una cantidad de dinero de una persona o entidad a otra, con independencia de que ambas partes residan en el mismo país o la otra resida en el extranjero.

Importante

Para poder dedicarse al envío de dinero, las empresas deben estar autorizadas por la autoridad competente del país.

Para dedicarse a esta actividad las entidades deben estar autorizadas por las autoridades reguladoras de los países.

Su actividad, en lo que a la transmisión se refiere, es similar a la de las entidades bancarias, es decir, no realizan un traslado físico del dinero, sino que disponen de sus recursos propios.

Existen diversas formas de llevar a cabo los envíos de dinero, siendo la más habitual la manual; en esta modalidad la persona interesada se dirige hasta la oficina de la empresa autorizada y deposita su dinero.

La supervivencia de la empresa depende de las ganancias obtenidas del cobro de comisiones por la realización de cada transferencia.

9.6. Internet

La proliferación de las nuevas tecnologías, consecuencia de la comodidad, rapidez, facilidad y mayor alcance que ofrecen, ha ocasionado que cada vez más se realicen transferencias de dinero vía Internet. Cada día es más habitual que las empresas dispongan de un portal web mediante el que los clientes realizan sus operaciones. Ello ha ocasionado que se pueda afirmar que el dinero fluye por Internet, pero en esta circulación hay que ser precavidos y no confiar en cualquiera, de esta forma se evitarán muchos fraudes.

Relacionado con las operaciones anteriores, hay que destacar que las **entidades bancarias** ofrecen este servicio a sus clientes pudiendo realizar desde consultas de sus cuentas hasta ordenar **transferencias,** así como mediante las **tarjetas de crédito** se pueden realizar multitud de compras a través de la red. Otras entidades que ofrecen sus servicios vía Internet son las **entidades dedicadas al envío de dinero.** Esta es otra de las formas de llevar a cabo el envío. Esta modalidad consiste en la visita a la web por parte del cliente, quien a través de su tarjeta de crédito podrá realizar el envío.

9.7. Medios internacionales de pago básicos

Los medios de pago internacional se refieren a todo instrumento válido para liquidar una operación comercial. Por tanto, se deduce que existen multitud de medios de pago internacionales y su elección dependerá de las partes contratantes en función de la confianza entre ellas, el riesgo asumido por cada una, el coste de cada medio de pago, así como la seguridad del mismo. A pesar de que la elección depende de las partes, los más empleados suelen ser:

- **Cheque bancario internacional:** cheque que una entidad bancaria emite contra sus fondos propios, a petición del importador (comprador). Previo abono de la cantidad en la entidad bancaria realizado por el importador, el banco responderá del pago. Es un medio de pago que requiere confianza plena en el importador, así como supone un riesgo elevado para el exportador (vendedor).
- **Orden de pago simple:** también exige confianza plena en el importador, y su coste es bajo así como su nivel de garantía. Con este medio de pago el importador espera a recibir la mercancía y toda la documentación necesaria, y una vez recibida pide a su entidad bancaria que proceda al pago mediante transferencia.
- **Orden de pago documentaria:** el importador ordena a su entidad bancaria la realización de una transferencia mediante la que paga al exporta-

dor, una vez recibida la documentación que acredita el envío de la mercancía. El coste de esta operación es elevado, y ofrece poca seguridad al exportador, ya que la orden de pago puede ser anulada por el importador antes de realizar el pago, perdiendo el exportador el cobro de la mercancía, pero no así la misma, que estará en cualquier lugar del trayecto.

- **Remesa simple:** el exportador realiza el envío de la mercancía y de la documentación necesaria para ser recibida por el importador, así como emite un pagaré o letra de cambio estando el banco del exportador encargado de enviar dicho documento a la entidad bancaria del importador, quien a su vez lo presenta a su cliente (importador). Este medio también supone asumir un riesgo elevado porque el importador puede negarse a pagar una vez recibida la mercancía.

- **Remesa documentaria:** el exportador solo envía la mercancía y no la documentación necesaria para poder retirarla al importador. Al mismo tiempo a través de su entidad financiera envía a la del importador la documentación de la mercancía junto con un documento financiero (pagaré o letra de cambio). La entidad del importador se lo hace llegar a su cliente quien una vez que pague o acepte recibirá la documentación necesaria para poder retirar la mercancía. Exige confianza en el importador y su coste es elevado. El exportador se garantiza la no entrega si el importador no paga.

- **Crédito documentario:** es el medio de pago de mayor nivel de seguridad de las ventas internacionales, pues asegura el cobro al exportador. El banco del importador garantiza la operación, ya que una vez que recibe la documentación de la mercancía y comprueba que todo está según lo acordado realizará el pago a la entidad financiera del exportador con independencia de que el importador disponga o no de saldo en la cuenta corriente.

 Nota

Si alguien desea asegurarse el cobro de una venta con un cliente extranjero, el medio de cobro internacional por el que tendrá que optar es el crédito documentario.

Aplicación práctica

Juan ha comprado un bien a un proveedor extranjero y el proceso seguido por la mercancía, así como la documentación de la misma, es el siguiente: el exportador envía la mercancía y la documentación necesaria para que esta pueda ser recibida por Juan (importador). Además, emite un pagaré mediante su entidad bancaria, quien se encarga de enviarlo a la entidad financiera de Juan. Esta realizará la presentación del pagaré a su cliente. ¿Por qué medio internacional de pago se ha optado en la operación? ¿Es seguro?

SOLUCIÓN

Se ha realizado una remesa simple, con la que el exportador asume un riesgo elevado.

El cobro no está asegurado, pues Juan (importador) puede negarse a pagar una vez que recibe la mercancía. La recepción por parte de Juan es posible pues el exportador antes de cobrar ha enviado también la documentación necesaria para que este pueda recibirla.

10. Documentos de cobro y pago

Los documentos de cobro y pago son justificantes que las empresas necesitan elaborar para dejar constancia de las operaciones que realizan. En ocasiones se les solicita, por parte de un órgano de la empresa y en otras por los inspectores de Hacienda, a los encargados de los registros para que demuestren las operaciones, disponiendo para ello como única herramienta de estos documentos de cobro y pago.

En función del tipo de operación que se realice se utilizan unos y otros documentos, resultando de las operaciones de compraventa los que se describen a continuación.

10.1. Notas de entrega o albaranes

Son documentos remitidos por el proveedor junto con la mercancía que se entregará al cliente. A su recepción este debe comprobar que la mercancía recibida coincide con el pedido y si ello es así procederá a la firma del albarán. Con este acto expresa su conformidad.

Para el proveedor, el albarán es el justificante de que la mercancía ha sido entregada, y está constituido por tres copias de diferente color. Dos de estas copias las firma el cliente, resultando ser una para el proveedor y la otra para el transportista, como justificante de la realización de la entrega de la mercancía, y la tercera copia es la que se queda el cliente.

Por último, en el albarán o nota de entrega debe aparecer la siguiente información:

- Datos identificativos del proveedor.
- Datos identificativos del cliente.
- Número del albarán.
- Fecha de entrega del documento.
- Lugar de entrega de la mercancía.
- Descripción de la mercancía entregada.
- Aceptación del cliente y posibles notas del cliente.

10.2. Facturas: pro-forma y definitivas

Son documentos que reflejan el procedimiento de la operación de compraventa, emitidos por el proveedor y ajustados en función de los albaranes, y asumen su acreditación legal, siempre y cuando cumplan los siguientes requisitos fijados en el Real Decreto 1619/2012, de 30 de noviembre:

- Datos identificativos tanto del proveedor (nombre y apellidos o razón social y número de identificación fiscal) como del cliente.
- Número de factura.
- Lugar y fecha de expedición.
- Domicilio, tanto del proveedor como del cliente.
- Detalle de los artículos vendidos.
- Precio de cada producto.
- Si existen, descuentos que se han aplicado.
- Importe de los portes, cuando existan.

- Base imponible.
- Tipo o tipos aplicables de IVA y cuantía correspondiente.
- Cuantía de posibles recargos.
- Importe total a pagar.
- Cuando esté exenta de IVA, precepto legal.
- Menciones especiales.

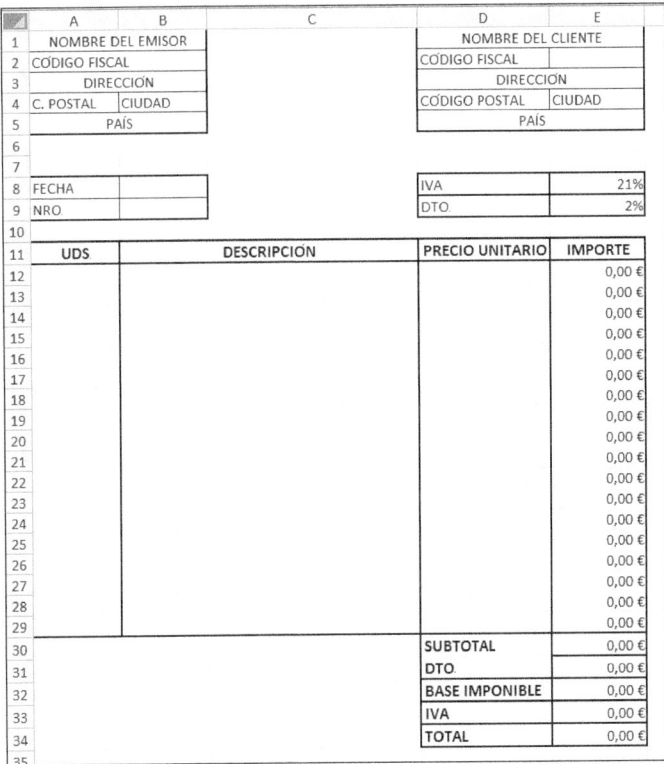

	A	B	C	D	E
1	NOMBRE DEL EMISOR			NOMBRE DEL CLIENTE	
2	CÓDIGO FISCAL			CÓDIGO FISCAL	
3	DIRECCIÓN			DIRECCIÓN	
4	C. POSTAL	CIUDAD		CÓDIGO POSTAL	CIUDAD
5	PAÍS			PAÍS	
6					
7					
8	FECHA			IVA	21%
9	NRO.			DTO.	2%
10					
11	UDS.		DESCRIPCION	PRECIO UNITARIO	IMPORTE
12					0,00 €
13					0,00 €
14					0,00 €
15					0,00 €
16					0,00 €
17					0,00 €
18					0,00 €
19					0,00 €
20					0,00 €
21					0,00 €
22					0,00 €
23					0,00 €
24					0,00 €
25					0,00 €
26					0,00 €
27					0,00 €
28					0,00 €
29					0,00 €
30				SUBTOTAL	0,00 €
31				DTO.	0,00 €
32				BASE IMPONIBLE	0,00 €
33				IVA	0,00 €
34				TOTAL	0,00 €
35					

Ejemplo de plantilla de factura con todos los puntos requeridos

En lo relativo a sus variantes, se puede distinguir entre:

- Facturas **pro-forma:** son las empleadas por el proveedor cuando desea expresar los detalles de una oferta, de modo que si el cliente acepta constituirá el inicio de un contrato de compraventa, de ahí la necesidad de que en ella se plasmen los requisitos obligatorios para fijar la venta.

■ Facturas **definitivas:** una vez que se haga efectiva la oferta mediante un pedido o contrato, el proveedor expide este tipo de factura; para ello es condición necesaria que no hayan variado los datos presentados en la factura pro-forma.

La normativa vigente actual permite además la emisión de la factura simplificada. Esta modalidad de factura sustituye a los populares tiques. Cualquier empresario podrá optar por la emisión de la factura simplificada siempre y cuando el importe no exceda de los 400 €, IVA incluido, así como cuando deba emitir una factura rectificativa de otra anterior. Su contenido será:

■ Número de serie y de factura.
■ Fecha de expedición de la factura y de realización de la operación, si fuesen diferentes.
■ Descripción de la operación.
■ Tipo impositivo aplicable y la expresión "IVA incluido".
■ Si existen distintos tipos de IVA, desglose de las bases imponibles.
■ Importe total.
■ Menciones especiales.

 Nota

No se podrán expedir facturas simplificadas en el caso de ventas a distancia intracomunitarias de bienes.

Para concluir, resaltar que la factura es el documento por el que el proveedor obtiene el derecho de cobro de la compraventa, así como que para cumplir con las obligaciones legales, los profesionales deben guardar todas sus facturas durante un período de cuatro años.

Aplicación práctica

Usted ha realizado la venta de cierto mobiliario de cuyo transporte se encarga el cliente, quien paga en el momento. Para dar constancia de esta operación usted emite una factura. ¿Qué partidas relativas a la cantidad a pagar debe incluir en la misma?

SOLUCIÓN

Las partidas numéricas que aparecerán en la factura son: precio del mobiliario, que al no existir descuentos coincide con la base imponible y porcentaje de impuestos aplicados, así como la cantidad correspondiente a los mismos.

10.3. Los libros de registro relativos a la gestión de tesorería: libro auxiliar de caja, arqueo de caja, libro auxiliar de bancos y conciliación bancaria

Las empresas realizan multitud de operaciones comerciales en el ejercicio de su actividad y como consecuencia gestionan una elevada actividad económica, que para un uso provechoso y en ocasiones para responder a las obligaciones legales deben ordenar, registrar y conservar en diversos libros. Excluyendo a los exigidos por ley, las entidades pueden realizar su gestión de la tesorería mediante el empleo de los libros que se describen a continuación.

Libro auxiliar de caja

Es un libro adicional de la contabilidad, no obligatorio. Su función es registrar las entradas y salidas de efectivo de la caja.

Arqueo de caja

Consiste en comprobar la coincidencia entre el inventario del disponible de caja y el saldo obtenido por el libro auxiliar de caja. Por lo general, es una función realizada al final de la jornada laboral.

Libro auxiliar de bancos

Es un libro similar al auxiliar de caja, pero en el que se registran todos los movimientos originados en una cuenta bancaria.

Conciliación bancaria

Consiste en la comprobación realizada por las empresas entre los datos del libro auxiliar de bancos y los extractos bancarios recibidos, de cuya emisión se encarga la entidad bancaria y en los que se detallan todos los movimientos realizados en una cuenta corriente.

11. Resumen

Congresos, visitas guiadas, aniversarios, entregas de premios, asambleas, simposios, juntas de accionistas, etc., son en definitiva eventos, actividades desarrolladas en un momento dado del tiempo por las empresas, cuyo principio y final están establecidos desde el inicio de su preparación, dependientes de los objetivos de la entidad organizadora.

Como instrumento fundamental para proyectar la imagen corporativa, su organización debe ser minuciosa, ajustándose a los límites presupuestarios.

Existen ocasiones en las que la entidad organizadora del mismo no es quien lleva a cabo, total o parcialmente, la preparación y desarrollo del evento; aun así la organización debe conocer a la perfección qué pautas deben seguirse para la celebración del acto.

Para dotarle de cierto poder, cuando algún bien o actividad no dependa de él, dispone de ciertas condiciones que podrán reflejarse en el contrato, pudiendo ser tanto económicas como técnicas, así como cualquier otro requisito que las partes acuerden y acepten mediante su reflejo en dicho documento.

Por último, como contrapartida a la recepción de los bienes o servicios, habrá que realizar un pago. Para ello las entidades disponen de múltiples medios así como de ciertos documentos mediante los que se reflejan las transacciones. Los más habituales son los albaranes o notas de entrega y las facturas. Estos, en cumplimiento de las estipulaciones legales, deben reflejarse en los libros contables de la entidad.

Ejercicios de repaso y autoevaluación

1. Complete la siguiente oración:

El _____ de un evento supone la contrapartida económica de las _____ y tareas que deben llevarse a cabo para _____ _____ y celebrar un _____.

2. Encuentre los cinco tipos de eventos ocultos en la siguiente sopa de letras:

Z	P	Q	C	A	S	R	U	E	I	C	C
X	V	F	O	R	O	S	E	O	U	O	L
V	T	Y	N	B	P	A	X	M	N	N	H
I	S	Ñ	G	J	R	E	U	G	O	F	P
S	L	I	R	O	U	L	A	S	I	E	U
R	S	I	E	S	E	B	I	N	A	R	I
C	O	L	O	C	A	M	I	E	S	E	T
E	V	I	S	I	T	A	S	F	O	N	E
P	R	E	M	I	A	S	T	U	F	C	U
E	R	Z	A	D	E	A	V	I	T	I	A
L	I	D	A	D	Y	O	M	P	R	A	D
C	O	N	G	R	E	S	O	S	F	S	L

3. Indique si las siguientes afirmaciones son verdaderas o falsas:

   a. La finalidad de los congresos es única y depende de lo que el comité organizador establezca como objetivo.

   ☐ Verdadera
   ☐ Falsa

b. Una de las primeras acciones que deben realizarse al organizar una visita guiada es seleccionar al público invitado.

☐ Verdadera
☐ Falsa

c. Tanto las inauguraciones como los aniversarios son dos eventos relacionados con el momento en que la actividad empresarial da inicio.

☐ Verdadera
☐ Falsa

d. Hacer la entrega de un premio a un trabajador por un logro alcanzado no obliga a tener que hacer entrega del mismo premio a todos los trabajadores que posteriormente logren ese éxito.

☐ Verdadera
☐ Falsa

4. Durante la ceremonia de inauguración, ¿quién es el encargado de descubrir la placa?

_____

_____

_____

_____

5. ¿Como justificantes de qué tipo de eventos se emplean las siguientes consideraciones?

▮ Es una técnica que consigue que la gente considere que su trabajo es apreciado.
▮ Los reconocimientos hacen que las personas se motiven.
▮ Estas ceremonias son oportunidades para la celebración y reflexión.

_____

_____

6. Relacione los siguientes conceptos:

   a. Ferias especializadas.
   b. Ferias generales.
   c. Ferias virtuales.

   __ Proporcionan a las empresas una elevada cantidad de visitas de clientes de cualquier parte del mundo.
   __ Ferias especializadas en productos y servicios del mismo sector.
   __ Ferias que exponen productos y servicios de múltiples sectores.

7. Ordene la secuencia en la que ha de desarrollarse el ceremonial de colocación de la primera piedra:

   __ Anfitrión y autoridades firman el acta que introducirán en el tubo.
   __ Despedida y clausura del acto.
   __ Pase a la zona habilitada para ofrecer el vino de honor.
   __ Recepción de invitados y de las autoridades.
   __ Ofrecimiento de un breve discurso.
   __ El anfitrión autoriza a la máxima autoridad para que proceda a la colocación de la primera piedra.
   __ Descripción efectuada por el arquitecto o técnico de la obra.

8. ¿Cómo debe distribuirse la mesa presidencial para la celebración de la junta de accionistas?

   _____
   _____
   _____
   _____

9. Complete la siguiente oración, relacionada con la junta de accionistas:

   Un requisito básico es que el _____ llevado a cabo durante la junta de accionistas no sea _____, de ahí la predilección por intervenciones de _____ y de correcta _____, siguiendo los puntos establecidos en la _____ del _____.

10. **Indique si son verdaderas o falsas las siguientes afirmaciones:**

    a. La elección del lugar para la celebración de eventos depende del tipo de acto.

        ☐ Verdadera
        ☐ Falsa

    b. Al hablar de decoración solo se hace mención a la relativa al interior de la sala.

        ☐ Verdadera
        ☐ Falsa

    c. El informe final es el balance de ingresos y gastos originados por el evento, y su elaboración es responsabilidad del departamento de contabilidad.

        ☐ Verdadera
        ☐ Falsa

    d. El listado de comprobaciones constituye una lista de acciones a realizar antes, durante y tras el evento.

        ☐ Verdadera
        ☐ Falsa

11. **Defina calidad desde la perspectiva de la entidad organizadora.**

12. **Enumere el tipo de invitados que pueden aparecer como asistentes a una inauguración.**

13. ¿Cómo se denomina la tarjeta identificativa que puede entregarse a los asistentes, cuya sujeción se realiza a través de un cordel o una pinza?

_____

_____

14. Complete:

Condiciones técnicas del bien o servicio ⎯⎯⎯⎯⎯

15. En España, ¿puede negarse un establecimiento a un pago en euros?

_____

_____

_____

_____

_____

_____

_____

Capítulo 4

El protocolo empresarial

Contenido

1. Introducción

El protocolo se refiere a todos los detalles que deben tenerse en cuenta en la celebración de los distintos actos, con el fin de que todo salga perfecto sin dejar espacio a la improvisación.

A lo largo de la historia el protocolo ha estado ligado con el entorno de las autoridades y personalidades, para cuyo ámbito se redactó en España el Real Decreto 2099/1983, de Ordenación General de Precedencias del Estado. La necesidad de establecer un protocolo en entornos informales e íntimos radica en la invitación de muchas de estas autoridades y personalidades a participar en los mismos.

Además del tratamiento que se debe dar a cada una de las personas invitadas a un acto, el protocolo también engloba el cómo se debe vestir, qué se puede regalar, qué símbolos pueden emplearse y cómo deben posicionarse. En definitiva, el establecimiento de normas para que la imagen proyectada de la empresa sea la deseada y fijada por la entidad, con el fin de crear nuevos clientes, así como de conservar a los ya existentes.

El desarrollo de este capítulo trata sobre todos los requisitos necesarios para lograr la imagen deseada.

2. Tratamientos dentro de la empresa

Tanto a reuniones como demás eventos asisten diferentes personalidades que según su cargo reciben un tratamiento u otro. En este epígrafe van a tratarse las diferentes actuaciones en función de a quién dirigirse y de qué forma.

Antes de pasar al análisis de los diferentes tratamientos es conveniente saber a qué se hace referencia al hablar de tratamiento. Por tanto, según la RAE, el tratamiento es el título de cortesía que se da a una persona.

Importante

La finalidad de todos los instrumentos de cortesía es que el proyecto o negocio alcance un buen resultado.

2.1. Uso del "tú" y del "usted"

"Tú" y "usted" son dos términos usados para dirigirse a una persona, con diferentes e importantes diferencias intrínsecas.

En la actualidad está muy extendido el uso del "tú" en todos los ámbitos sin saber bien cuándo se debe emplear uno u otro, llegando en muchas ocasiones a cometerse importantes fallos, que pueden molestar a la otra parte.

Generalmente el término "tú" está asociado al tratamiento informal, familiar, mientras que el "usted" se relaciona con la formalidad, con la cortesía y con la educación. Por tanto, en el entorno empresarial, para evitar situaciones tensas que afecten a la imagen del negocio, es aconsejable comenzar siempre las relaciones con otras personas con el tratamiento de "usted" y que sea la relación con esta la que lleve al trato de "tú". En definitiva, se debe usar "usted":

- Siempre que se acaba de conocer a una persona.
- Al hablar con los superiores jerárquicos, ya que evidencia respeto.
- En relaciones entre miembros del mismo nivel que no se conocen con anterioridad.
- Cuando se dirige alguien a una persona de nivel jerárquico inferior, quien debe tratarle de usted (evita la distinción de superioridad).

De este modo, el uso del "tú" en la empresa quedará reservado para:

- Relaciones entre miembros del mismo nivel que ya se conocen.
- Cuando las partes anteriormente se hayan permitido el tuteo.
- Cuando durante la negociación así lo establezcan.

Por último, destacar que existen ciertas normas en quien debe proponer el tuteo a la otra parte, quedando delimitado del siguiente modo:

- Entre géneros: la mujer al hombre.
- Según la edad: el mayor al menor.
- Por nivel jerárquico: el de mayor rango al de menor.

Importante

Es aconsejable abusar del "usted" a excederse de confianza, así se evitarán posibles reproches que afecten en el resultado de la negociación.

2.2. Tratamiento en la recepción de personalidades y autoridades

Cada vez es más frecuente que las entidades privadas al organizar sus actos inviten a personalidades y autoridades, personas que destacan sobre los demás por su título, cargo o actividad. Pues bien, a pesar de que las empresas no tienen un protocolo marcado por ley, sino que actúan por costumbre, deben conocer que para dirigirse a esas personalidades y autoridades, bien por escrito u oralmente, existen ciertos tratamientos en función de su rango. El saber tratar a cada miembro es fundamental, pues se le da la importancia que posee sobre el resto.

Actividades

1. Indicar en qué situaciones al tratar con otras personas se debe usar el "tú" y cuándo el "usted".
2. Señalar por qué si el protocolo establecido por ley para el tratamiento de autoridades y personalidades hace referencia al ámbito oficial también se sigue en los actos empresariales.

A continuación se recoge el listado de los diversos tratamientos empleados en España en función del cargo, dignidad o autoridad, así como su abreviatura:

- **Su Majestad (S.M.), Sus Majestades (SS.MM.), Vuestra Majestad (V.M.) y Señor o Señora:** A los Reyes de España.
- **Su Alteza Real (S.A.R.):** Príncipe de Asturias, cónyuge e hijos del Príncipe de Asturias e Infantes de España.
- **Excelencia o Excelentísimo Señor (Excmo. Sr.) / Excelentísima Señora (Excma. Sra.):**

  - Cónyuges e hijos de los Infantes de España, excepto cuando S.M. el Rey les otorgue uno distinto.
  - Jefe de la Casa de S.M. el Rey.
  - Presidente y ex-presidentes, vicepresidentes, ministros y ex-ministros del Gobierno.
  - Presidente del Congreso de los Diputados y presidente del Senado.
  - Presidente, vicepresidente, vocales y magistrados del Tribunal Constitucional.
  - Presidente, fiscal y magistrados del Tribunal Supremo.
  - Delegados del Gobierno en las comunidades autónomas.
  - Alcaldes de Madrid, Barcelona y de los municipios de gran población.
  - Embajadores de España y ministros plenipotenciarios.
  - Gobernador del Banco de España.
  - Grandes de España: duques y demás títulos con grandeza.

- **Ilustrísimo Señor (Ilmo. Sr.) / Ilustrísima Señora (Ilma. Sra.):**

  - Subsecretarios, secretarios generales y jefes de gabinete técnico de las Delegaciones del Gobierno.
  - Subdelegados del Gobierno.
  - Interventor general de la Administración del Estado.
  - Delegados regionales y provinciales de los distintos Ministerios.
  - Presidentes de sala, magistrados y fiscales de los Tribunales Superiores de Justicia y de las Audiencias Provinciales.
  - Miembros de las asambleas legislativas.
  - Presidentes de las Diputaciones Provinciales y Cabildos Insulares.

- Alcalde de capital de provincia o ciudades mayores de 100.000 habitantes.
- Tenientes de alcalde de Madrid, Barcelona y municipios de gran población.
- Consejero de embajada.
- Teniente coronel y capitán de fragata.
- Delegados de Hacienda.
- Marqueses, condes y vizcondes.

- **Señoría:**

  - Alcaldes de las ciudades con menos de 100.000 habitantes.
  - Diputados provinciales.
  - Secretarios de ayuntamientos de capitales de provincia.
  - Títulos del Reino sin Grandeza de España y barones.

3. Recepción de las visitas

Siempre que se organiza un evento o reunión, los miembros a los que se invitan deben ser recibidos. Por tanto, la recepción de las visitas es un acto obligatorio incluido dentro del protocolo empresarial.

La importancia de este acto radica en que, frecuentemente, es el primer contacto que los visitantes tienen con la empresa, siendo lo primero que perciben de la misma, por lo que habrá que ser muy cautelosos en la preparación de la recepción, de modo que se logre la transmisión deseada de la imagen corporativa. Para ello, se tendrán en cuenta las consideraciones que se detallan a continuación.

3.1. El saludo y las presentaciones

En la recepción de las visitas, lo primero que hay que hacer es saludar a los invitados, así como realizar las presentaciones pertinentes, cuando existan miembros que no se conocen. Para ello, en el entorno empresarial se siguen ciertas pautas, tanto para el saludo como para las presentaciones. A continuación, se detallan cada una de ellas.

Saludos

El saludo puede realizarse de muchas maneras: apretón de manos, besos, besamanos (modo de saludar a algunas personas, tocando o acercando su mano derecha a la boca de quien saluda), reverencias, abrazos, etc.; ahora bien, no todas son aconsejables en el ámbito empresarial, debiendo distinguirse también en la elección del saludo si las partes se conocen o no. Para saber qué saludo y cómo debe llevarse a cabo el mismo, se realiza la siguiente clasificación:

- **Apretón de manos:** es el más empleado en las empresas, principalmente cuando las partes no se conocen. Debe realizarse con la intensidad justa, sin llegar a hacer daño a la otra persona y evitando que resulte demasiado flojo, pues por lo general un apretón flojo transmite falta de ganas, de seguridad. Para que el saludo sea correcto, deben darse los siguientes requisitos:

  - Extensión del brazo justa, evitar que el mismo se quede pegado al cuerpo, así como que esté totalmente estirado.
  - Ofrecer la mano en posición recta con el pulgar hacia arriba.
  - Una vez que se contacta con la otra mano, debe cerrarse la mano, recogiendo la del contrario, sin apretar demasiado.
  - No balancee agitadamente la mano, lo correcto es que si se mueve la mano solo se realice un movimiento de muñeca.

En el apretón de manos hay que tener una firmeza del brazo, extensión apropiada y esbozo de sonrisa.

- **Besos:** se trata de un tipo de saludo de carácter informal, por lo que no es aconsejable su uso en el entorno empresarial, mucho menos cuando se trata de alguien que se acaba de conocer.
- **Reverencia:** se emplea en pocas ocasiones. En España se realiza solamente a los Reyes y demás miembros de la Familia Real. La forma de llevarla a cabo es distinta en hombres y mujeres:

  - **Hombres:** ligera inclinación de la cabeza.
  - **Mujeres:** extensión hacia atrás de la pierna derecha mientras se agacha mirando a la cara de a quien saluda.

- **Abrazo:** al igual que los besos no están bien vistos en actos formales, bien es cierto que cada vez su uso es mayor en ambientes informales, pero no por ello hay que caer en el **gran error** de realizarlos en el entorno empresarial.

Generalmente, el saludo lo inicia la persona de mayor cargo o edad o las mujeres, de manera que si usted se encuentra con alguna persona cuyo cargo sea superior, tenga más edad o sea una mujer (si es usted hombre, en caso de mujeres prevalecerá la superioridad por cargo o edad), deberá esperar a que sea la otra parte quien inicie el saludo.

Antes de pasar al desarrollo de las presentaciones, al saludar por primera vez a una persona se acompañará de frases como: "encantado"; o si la presentación se hizo en el pasado y ese primer contacto ya ha existido se dirá: "qué tal". No obstante, con independencia de todo ello, al saludar debe ofrecerse siempre una sonrisa agradable.

Presentaciones

En recepciones en las que los miembros no se conocen, el saludo viene seguido de la correspondiente presentación. Hay que saber que la presentación depende de tres variables: cargo, edad y sexo. A partir de ello la presentación se realizará siguiendo las siguientes pautas:

- Presentar de menor a mayor cargo o edad. Por tanto, se nombra primero a la persona menor, en edad o cargo.

■ En presencia de personas de distinto género, se presenta el hombre a la mujer.

Como se puede observar, el orden de inicio en la presentación es el inverso que el establecido para los saludos.

3.2. Obligaciones con los visitantes

Como se ha comentado al inicio, la recepción es por lo general el primer contacto de los visitantes con la empresa, por ello constituye la primera imagen que de la empresa perciben y el punto de partida para alcanzar los objetivos propuestos.

Por tanto, desde que el visitante llega a la empresa debe ser tratado con gran amabilidad, haciéndole sentir en confianza. Para ello es vital recibir a todos y cada uno de los visitantes y atenderles según se precise.

Generalmente se encarga de la recepción, así como de la atención de los visitantes, quien ejerce la asistencia a la dirección, que cuando la visita está concertada con anterioridad conoce a la perfección todos los detalles necesarios para que esta sea exitosa. No obstante, para alcanzar dicho logro también es necesario que el resto de miembros, trabajadores de la empresa, cuya presencia o actuación es necesaria durante la visita, estén igualmente informados sobre todos aquellos detalles, así como que todos junto con el responsable de la secretaría estén perfectamente coordinados.

 Importante

A la hora de recibir visitas todos los trabajadores deben estar informados de lo que ocurre y coordinados con el responsable de secretaría.

Actividades

3. Señalar por qué es tan importante recibir a las visitas, y si una mujer de rango inferior se encuentra con un señor de rango mayor, quién debe saludar primero.
4. Si el personal de secretaría recibe y atiende a los visitantes, averiguar por qué es preciso que otros trabajadores de la empresa también estén al tanto de los detalles de la visita.

Por todo ello, se establecen unas normas básicas de actuación que se han de tener presente en función del tipo de visita que se ha de recibir:

■ **Visitas concertadas:** en este tipo de visitas se aguardará la llegada del visitante, por lo que tras el aviso de recepción de la llegada del mismo el secretariado acudirá a su recepción, realizando las presentaciones pertinentes, y aplicando su debido tratamiento. Seguidamente le acompañará hasta la sala de espera, donde no debe permanecer mucho tiempo, pues reflejará una mala imagen de la entidad, o directamente al despacho de dirección, donde le están esperando.

■ **Visitas concertadas de autoridades o personalidades:** en este tipo de visitas el jefe o director permanecerá en recepción a la espera de la llegada de la visita, junto con los demás miembros cuya presencia va a ser necesaria durante la visita. Una vez que el/los visitantes llegan a la empresa será el jefe quien los reciba, presentándose él y seguidamente al resto del equipo que le acompaña; obviamente la presentación se llevará a cabo con el uso de los tratamientos oportunos.

■ **Visitas no programadas:** a la llegada a la recepción del visitante, el personal de recepción avisará de la misma al secretario de dirección, quien tras solicitarle diversos datos, con el fin de saber quién es, informará a su superior, siendo este jefe o director quien decida si recibirá o no al visitante. Puede darse el caso que desee recibirlo pero no pueda en ese momento, entonces se concertará una cita para algún momento posterior; pero también puede darse el caso de no querer recibirlo por no desear reunirse con esa persona, entonces el personal de secretaría le comunicará al visitante que pasará su información al jefe y que ya se pondrán en contacto con él.

Por último, si la visita inesperada fuese familiar, siempre que esté disponible, será el jefe o director quien salga a recibirla.

- **Visitas de miembros cuyo origen es otro lugar distinto a donde se localiza la empresa:** en estos casos la visita comienza con la recepción de los visitantes en la estación o aeropuerto al que lleguen. Generalmente a esta recepción acudirá uno de los miembros que va a participar durante la visita. Es fundamental cuando el visitante es extranjero conocer con exactitud cuáles son sus costumbres y gustos, para así evitar posibles errores cuyas consecuencias podrían llevar al fracaso de las relaciones con ese visitante. Si el visitante habla otro idioma o precisa servicio de un intérprete, la empresa debe realizar la contratación de dichos servicios, de traductor o intérprete, respectivamente. Para la despedida, la misma persona que ha estado acompañando al invitado durante la visita será la encargada de llevarlo al aeropuerto o estación y despedirlo.

 Aplicación práctica

El club deportivo del que Luis es presidente tiene programada para el próximo martes la visita a sus instalaciones de un jeque árabe, cuya llegada al aeropuerto de la ciudad será una hora antes. Debido a la mala situación económica por la que está pasando el club, se desea contar con la integración en la junta directiva de este jeque para la próxima temporada. Como consecuencia de su escasa experiencia protocolaria, Luis le consulta a usted, realizándole las siguientes cuestiones: ¿cuándo comienza la recepción de la visita? ¿Quién debe recibirlo? ¿Qué otros detalles hay que tener presentes? Ayude a Luis indicándole el protocolo que debe seguir.

SOLUCIÓN

Sr. Luis, la recepción de la visita da inicio desde que el jeque árabe llega al aeropuerto, donde debe estar esperándole uno de sus hombres, que le vaya a acompañar durante la visita (por ejemplo, el personal de secretaría). Previamente debe informarse si el visitante necesitará servicio de traducción e interpretación; en caso afirmativo, el personal encargado de realizar dicho servicio también debe estar en el aeropuerto a su llegada. Obviamente, a pesar de la recepción en el aeropuerto, una vez en las instalaciones del club será usted quien lo reciba y realice las presentaciones pertinentes.

3.3. La precedencia en pasillos y escaleras

En todos los actos, tras la recepción, los invitados se trasladarán al despacho o sala donde se vaya a celebrar el encuentro. Para recorrer ese trayecto, los invitados, especialmente cuando es la primera vez que acuden a la empresa, tendrán que ir acompañados de quien ejerce la secretaría o ayudante de organización, puesto que no conocen las instalaciones de la misma. Para llevar a cabo correctamente esa función es necesario conocer y seguir las normas de precedencia existentes.

La precedencia son los privilegios que en función de sus características se les otorgan a los invitados. Según la zona de la empresa en la que se encuentren se actúa de una forma u otra, distinguiéndose:

- **Pasillos:** cuando se avanza por un pasillo, el encargado de acompañar al visitante debe ir delante de este, de manera que le indique el recorrido, sin necesidad de forzar conversación alguna. Ahora bien, cuando se trata de clientes de la entidad, está permitido que el acompañante se sitúe junto al invitado, pero siempre colocándose a la izquierda del mismo, respetando el lugar de superioridad de la posición derecha.
- **Escaleras:** llegado el punto de tener que subir o bajar unas escaleras, se le cederá el paso a los invitados, con independencia de su género. Prevalece el cargo.
- **Ascensor:** al contrario que en el caso de las escaleras, cuando hay que utilizar un ascensor los invitados serán los últimos en entrar y como consecuencia los primeros en salir. Se establece así para minimizar el riesgo de los visitantes, de este modo si ocurriese algún incidente los primeros en salir serán los invitados.
- **Acceso a la sala o despacho:** el acompañante será el encargado de abrir la puerta e invitar a los visitantes a que pasen, manteniendo la misma hasta que entre el último de los asistentes.

Por último, y especialmente en el caso de las escaleras, si durante el trayecto se encuentran con otra persona o grupo de personas a las que se debe saludar, habrá que hacerlo en un lugar en el que no se entorpezca el paso del resto de personas.

3.4. Las esperas

Lo ideal en la recepción de visitas es no hacerlas esperar, pero en los casos en que esto suceda, hay que procurar que sea distendida para que el visitante se encuentre cómodo y tranquilo.

 Importante

En el caso de que por cualquier imprevisto se tenga que hacer esperar a las visitas, si el parón supera los quince minutos habrá que informar al visitante del imprevisto que ha tenido lugar.

Para amenizar la espera, el personal de secretaría debe atender todos los requerimientos de la visita, así como le ofrecerá tomar algo, generalmente agua o café.

Cuando la espera supera los quince minutos, habrá que informar al visitante del imprevisto surgido.

3.5. La puntualidad

Como se ha comentado debe evitarse por todos los medios que los invitados tengan que esperar. Para ello, se hace imprescindible la puntualidad.

No obstante, es obvio que habrá ocasiones en las que se carezca de la misma y quedarán justificadas cuando las razones sean de peso, debiendo comunicarse las mismas al invitado.

A pesar de todo, la falta de puntualidad crea una imagen de poco compromiso por parte del jefe y hace que el invitado se cree ideas negativas que afecten de manera contraproducente a los resultados que de la visita se esperaban.

Actividades

5. Señalar si es aconsejable hacer a las visitas esperar y por qué.

4. El restaurante como parte de la oficina

Cada vez es más frecuente que durante los actos empresariales se agasaje a los invitados con alguna comida u ofrecimiento de una bebida, dando lugar en muchas ocasiones, en el transcurso de los mismos, a la consecución de los objetivos perseguidos. Es por su gran influencia sobre los resultados finales por lo que son día a día más preciados y por lo que durante su organización se debe prestar una importancia similar al de los demás preparativos del encuentro.

Por todo ello, a continuación se realiza una clasificación de los diferentes tipos de agasajos, de las reglas que gobiernan la comida, así como de la atención que hay que prestar a los invitados en la mesa y cómo deben colocarse en la misma.

4.1. Tipos de agasajos: desayuno de trabajo, *coffee break*, *brunch*, vino español, brindis, almuerzo, *snack*, cena, recepción o cóctel

A los invitados se puede agasajar de varias maneras, pero lo más habitual es hacerlo con todo lo relacionado con la comida. Este tipo de agasajos es muy útil porque además de contribuir en el agradecimiento del invitado por su asistencia y colaboración, cuando se quieren crear relaciones con él esto facilita un mejor conocimiento del mismo, puesto que es una forma distendida de relacionarse, donde cada cual se muestra relajado, dejando ver su personalidad. La elección de un tipo u otro de agasajo depende de factores como el objetivo empresarial, la disposición de medios (económicos, humanos y técnicos), así como del tiempo.

Desayuno de trabajo

El desayuno de trabajo es una técnica muy utilizada en todo el mundo y en todas las áreas profesionales, consecuencia del rendimiento que se obtiene del tiempo. Supone una forma desahogada y dinámica de tratar una temática relevante y alcanzar acuerdos antes del inicio de la jornada laboral.

Pueden llevarse a cabo en infinidad de lugares, pero lo habitual es que se dé en el despacho o en la cafetería de la entidad empresarial.

Su duración no debe superar los cuarenta y cinco minutos, pues si no daría lugar a un almuerzo. La hora adecuada para llevarlo a cabo es entre las siete y media y las diez de la mañana.

Sus componentes gastronómicos suelen ser ligeros, si bien hay que tener presente los diferentes gustos y costumbres de todos los participantes en el mismo.

Coffee break

El *coffee break* o descanso para el café hace referencia al tiempo dedicado a media mañana para despejarse y tomar fuerzas; por lo que en el transcurso del mismo no deben mantenerse conversaciones relacionadas con la actividad que se está llevando a cabo.

Su duración no excederá de los quince minutos, dando lugar a la toma de un café acompañado de algún bocado ligero, dulce o salado.

Brunch

Se trata de un descanso llevado a cabo alrededor de las doce de la mañana para comer y beber, suponiendo una fusión entre el desayuno y el almuerzo. Por lo general se organiza tras reuniones o actividades cuyo desarrollo requieren un alto nivel de concentración.

Se sirve en forma de bufé, incluyendo una gran variedad de comida y bebida, que permite libertad de elección al organizador.

 Definición

Bufé
Conjunto de platos calientes y fríos dispuestos sobre una mesa para que cada persona se sirva a su gusto.

Vino español

El vino español o vino de honor se utiliza como modo de realzar el acto celebrado una vez que ha concluido.

Su duración oscila entre los treinta y sesenta minutos, debido a la proximidad con la hora de la comida (en torno a las 13:00 horas), y suele ir acompañado de canapés variados. No obstante, aunque se le otorgue el nombre de "vino" no solo se sirve este tipo de bebidas, ofreciéndose gran variedad de productos con o sin alcohol.

Brindis

El brindis es el acto mediante el que se refleja la consecución de un acuerdo, de algún logro perseguido durante el acto o actividad que se está desarrollando. Puede ir acompañado de un discurso, y para llevarlo a cabo se emplean vinos espumosos.

El brindis siempre se hace con bebida espumosa.

Almuerzo

Los almuerzos pueden suponer un alto en el trabajo o bien constituir el inicio del mismo; lo que sí es seguro es que en ellos se tratan temas laborales. Por eso es aconsejable que no sean copiosos, ya que después se continuará trabajando.

El lugar de celebración será la misma oficina, en un restaurante próximo o en hoteles, entre otros. En España se toma en torno a la 13:30 y 15:00 horas de la tarde, no debiendo emplearse menos de una hora ni excederse de las dos horas.

Snack

Se trata de descansos que no tienen una hora establecida para llevarlos a cabo, y en ocasiones se emplean para sustituir otras comidas.

Se celebran en el mismo despacho y tienen una duración máxima de treinta minutos. Lo habitual es que se ofrezcan sándwiches o mini bocadillos y alguna bebida, traídos de una cafetería o restaurante cercano.

Cena

Su carácter precisa mayor formalismo que el resto de agasajos, ya que se considera un acto más íntimo que los otros. Por ello, es frecuente que se asista a ellas con la compañía del cónyuge. Todo ello hace que se cree un ambiente muy distendido, a pesar de que se pueden tratar temas laborales.

Para crear dicho ambiente, es fundamental que el entorno sea adecuado, por este motivo las cenas se organizan en restaurantes de confianza que cubran las expectativas del organizador.

Recepción o cóctel

Se emplean para festejar un acto importante y, por lo general, es una fórmula que se usa para recibir a los invitados. Una de las diferencias entre ambos términos, recepción y cóctel, radica en el ámbito en los que se aplican. Mientras el cóctel se refiere a encuentros sociales y empresariales, la recepción es relativa a las instituciones oficiales.

Son actos habituales de la tarde-noche, en torno a las siete, en los que el número de invitados suele ser elevado y cuyo desarrollo se lleva a cabo de pie.

La comida que se ofrece debe ser variada en forma de canapés, presentada de forma que resulte llamativa para la vista, acompañada de diferentes bebidas con y sin alcohol. Será servida por camareros o estarán situadas en mesas estratégicamente colocadas y decoradas, en las que se suministrará la comida.

El entorno debe estar ornamentado en armonía con el evento.

 Nota

La palabra canapé tiene su origen en un vocablo francés que significa cama o sofá, siendo un plato que lleva una base de pan o de hojaldre.

 Actividades

6. Indicar en qué consisten el *brunch* y el *snack*.

4.2. Reglas que gobiernan la comida. Tipos de mesas (negociación y firma de acuerdos) y ornamentación

Al ofrecer cualquier tipo de comida a los invitados a un evento se deben considerar diversas reglas. Hay que partir de la idea de que en función de la hora se podrá delimitar el tipo de comida que se está ofreciendo. Teniendo en cuenta esta idea, en España el día se divide en tres franjas horarias:

- **Desayuno:** entre las ocho y las diez de la mañana.
- **Almuerzo:** a partir de la una y hasta las tres y media de la tarde.
- **Cena:** desde las ocho de la tarde hasta las once de la noche.

No obstante, como se ha visto anteriormente, existen otros tipos de comidas que se ofrecen entre dichas horas.

La cantidad de invitados puede ser muy variada, por lo que será el encargado de la organización del evento quien se encargue de la ubicación de cada uno de ellos. Especialmente en las comidas oficiales se dispondrán tarjetas que indiquen la posición que debe ocupar cada miembro, situándose delante de cada plato una tarjeta con los datos del invitado que debe ocupar dicha posición. Puede ser que por algún motivo justificado no se lleve a cabo el orden de precedencias, en ese caso se deberá informar por anticipado al invitado cuya posición ha sido alterada el motivo de tal cambio. Por otro lado, las invitaciones personales son intransferibles, por lo que debe acudir el comensal invitado sin poder hacerlo otro en su lugar.

Cuando en la comida participan miembros de distintos países, habrá que ser cuidadosos en su ubicación, consiguiendo que se sientan integrados; para ello se les distribuirá entre los comensales nacionales, debiendo procurar que no queden en los extremos, se les cederá el lugar preferente en caso de igualdad de categoría y se evitará que queden entre miembros que no hablan el mismo idioma.

En lo referente al servicio de comida hay que realizar una buena contratación del mismo, por lo que generalmente se acude a restaurantes de confianza, pues de su buen hacer depende en gran medida la proyección de la imagen corporativa. Dentro de sus responsabilidades deben servir los platos a un buen ritmo y así evitar el malestar de los invitados. A la hora de servir los platos también se tendrán en cuenta el número de presidencias, en caso de haber más de una, deben servirse a la vez.

Finalmente, cuando sea necesaria la presencia de algún intérprete, este debe haber comido con anterioridad, ubicándose durante la comida en un lugar próximo al comensal que precisa su servicio, de manera que pueda llevar a cabo correctamente su trabajo.

Tipos de mesas: negociación y firma de acuerdos

Como en el resto de actos, para las comidas también existen diferentes tipos de mesas y maneras adecuadas de distribuirlas para cada ocasión. La elección de un modelo u otro dependerá del número de comensales, del carácter de la comida (más o menos formal) así como de las distintas presidencias. A continuación, se realiza un análisis de las formas más usadas, destacando cuáles son sus ventajas e inconvenientes:

- **Mesa rectangular:** es un tipo de mesa en el que se pueden distribuir un importante número de comensales, cuando esto es así, es decir, el tamaño de la misma es grande, se hace difícil la comunicación entre todos los miembros de la mesa, siendo frecuente la aparición de tres conversaciones distintas. Se emplea con frecuencia, pues permite la distribución perfecta de las precedencias. Para comidas importantes se desaconseja situar comensales en los extremos pequeños (sistema anglosajón).

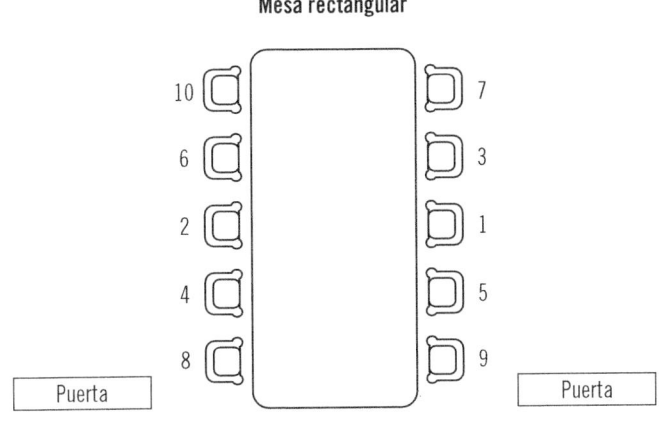

Mesa rectangular

- **Mesa imperial:** es un tipo de mesa similar a la rectangular y en muchas ocasiones lleva a confusión, no obstante, es fácil de distinguir, pues la mesa imperial es la que tiene los bordes redondeados. Cuando la comida a celebrar está marcada por un estricto protocolo y el número de comensales es elevado (recomendable superior a cincuenta) el uso de la mesa imperial se hace necesario, pues debido a sus elevadas dimensiones permite la ubicación de todos los miembros en una misma mesa. En esta mesa el anfitrión y el líder oponente irán sentados uno frente al otro, en el centro del lado amplio de la misma (presidencia francesa), para así permitir el diálogo entre ambos; además el anfitrión se situará en el extremo frente a la puerta de la sala. El resto de comensales se distribuirán alrededor de los líderes según su cargo e importancia.

La mesa imperial se diferencia de la rectangular porque tiene los bordes redondeados.

Mesa imperial

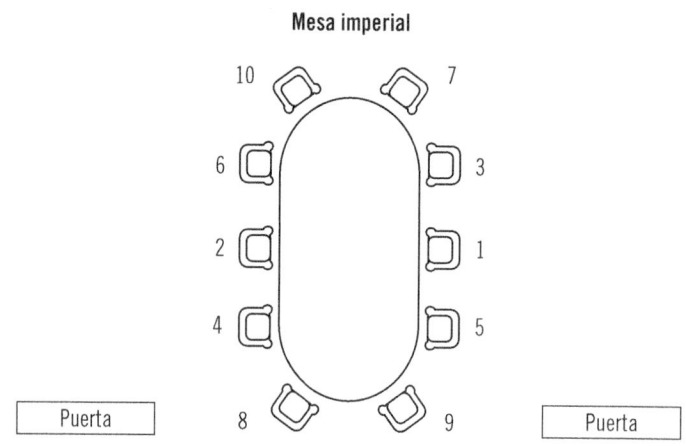

- **Mesa ovalada:** la elección de un tipo de distribución u otro depende de su tamaño y dimensiones. Cuando el tamaño es elevado, se aconseja el uso de la distribución francesa, al igual que en la imperial, para así permitir la conversación entre los líderes; no obstante, al igual que en la mesa rectangular se dará más de un foco de conversación entre los demás comensales. Por otro lado, cuando su dimensión es menor, es muy práctico el uso de la distribución anglosajona, y permite llevar a cabo una única conversación, pues todos pueden verse y oírse perfectamente.

Una gran ventaja respecto a la mesa rectangular es que se aprovechan mejor los espacios, pueden sentarse miembros por toda la mesa, y su gran inconveniente es que no se pueden acoplar otras mesas para obtener otras formas.

Mesa ovalada

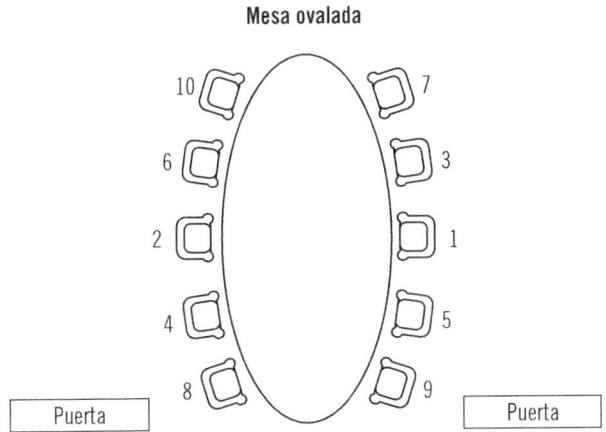

- **Mesa redonda:** mesa de tamaño más reducido que las anteriores, con un total de doce a catorce comensales por mesa. Su gran ventaja es la cercanía de sus miembros y el tratamiento por igual de todos, por lo que favorece a las relaciones sociales, pues todos pueden participar en una misma conversación. Su mayor inconveniente, es difícil marcar las precedencias, así como no se puede acoplar para dar lugar a otras formas.
- **Mesa cuadrada:** es un tipo de mesa muy poco empleada. Se usa cuando el número de comensales es de dos a cuatro, y por lo general solo en restaurantes, nunca en galas.
- **Mesa en forma de "U" o de herradura:** son mesas de forma similar, con la diferencia en lo curva o cuadrada que es cada una, la mesa en forma de herradura tiene los extremos redondeados. Son perfectas para celebraciones con muchos invitados, pues facilita la colocación de las precedencias. En este tipo de mesas, la parte interna de la misma, frente a la presidencia, debe quedar libre. Debido a su forma es habitual la aparición de diferentes focos de conversación. Por último, cuando en los laterales internos no se sitúa a nadie esa parte central debe estar decorada, con objetos que no entorpezcan la visión entre los invitados.

Respecto a la presidencia, se situará en el brazo central y como se ha dicho no puede tener a nadie en frente. El brazo derecho dispone de prioridad respecto al izquierdo.

Mesa en forma de "U"

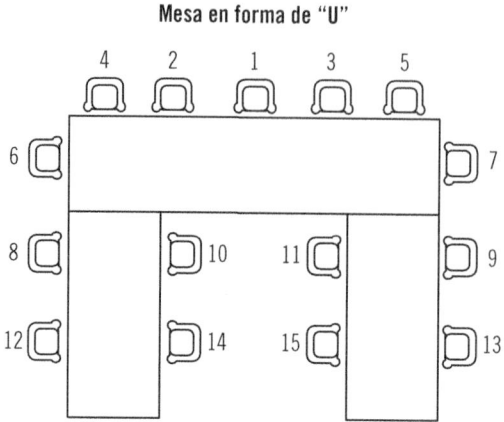

- **Mesa en forma de "T":** es una distribución muy en desuso, debido a que no permite la visión entre los miembros que la componen, dándose mucho la espalda unos a otros, con la consiguiente imposibilidad de crear conversaciones grupales. No obstante, es útil para comidas de trabajo donde se reúnen dos posturas, pues cada una de ellas se sitúa en un lateral del brazo, quedando reservado el brazo frontal para la presidencia, constituida por representantes de ambas partes. Igualmente, frente a la presidencia no se podrá situar ningún comensal.

Mesa en forma de "T"

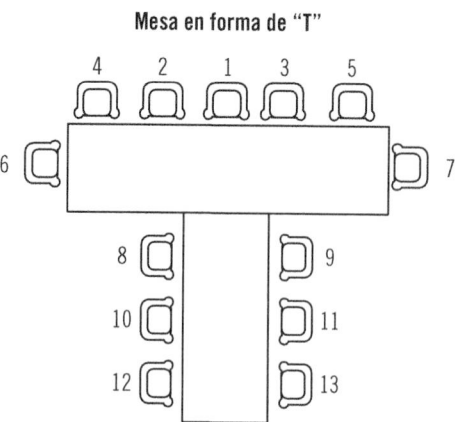

- **Mesa en forma de peine:** cada vez menos usada y recomendada. Su única ventaja es que permite integrar a todos los comensales. Su forma es similar a la mesa en "U" pero con más brazos, situándose también la presidencia en el brazo frontal, no pudiendo colocarse a ningún miembro frente a esta. Respecto a los brazos, dispondrá de mayor categoría el situado más a la derecha de la presidencia, tras este el brazo izquierdo más al extremo, y así alternativamente (derecha-izquierda) brazo a brazo irá disminuyendo la categoría. Dentro de cada brazo, el orden de precedencia irá de mayor a menor desde el comensal más próximo a la presidencia hasta el extremo opuesto, sin poder quedar situada una mujer en los mismos.

Mesa en forma de peine

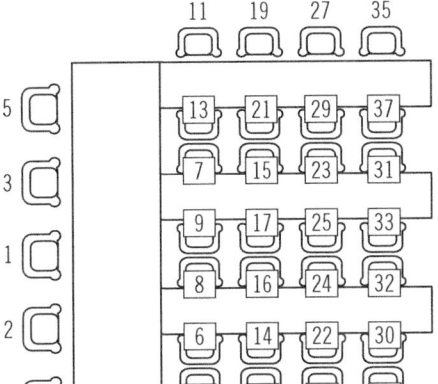

Ornamentación

Al hablar de la ornamentación se hace referencia al modo en que deben decorarse las mesas. Pues bien, como acto incluido dentro de un proceso empresarial, deben seguirse las pautas fijadas para este y quedar en armonía con la finalidad de la empresa.

Por todo ello, la ornamentación debe ser sencilla y a la vez elegante, sin excentricidades. Para ello, a pesar de disponer de libertad, quien decore la mesa debe tener en cuenta las siguientes pautas:

1. Observar los espacios libres en la mesa y en función de ellos elegir unos u otros adornos.
2. Es habitual decantarse por el uso de adornos florales o velas. Cuando ello sea así debe cuidarse que estos no desprendan olores, para evitar que se entremezclen con los de las comidas y bebidas.
3. Los adornos seleccionados deben tener una altura que no entorpezca la visibilidad entre los comensales.
4. Siempre que se opte por el uso de velas, hay que comprobar con anterioridad que prenden, y esperar a que los comensales estén sentados para encenderlas.
5. En la ornamentación juega un papel muy importante la correcta selección de la vajilla, así como de la cristalería y cubertería. Todo debe quedar acorde con el acto que se está llevando a cabo.
6. Respecto a la mantelería, habitualmente se elije el color blanco, especialmente en las cenas, quedando permitido el uso de otros colores, siempre y cuando sea en armonía con el resto de adornos.

 Importante

En un evento de tipo empresarial la ornamentación debe ser sencilla pero a la vez elegante.

 Actividades

7. Enumerar las pautas que deben regir la elección de la ornamentación de las mesas de comidas.

4.3. La atención al invitado. Colocación de los asistentes: anfitrión, precedencias, presidencias, autoridades y personalidades

Para la correcta atención del invitado, cuyo resultado se reflejará directamente sobre la imagen corporativa, es aconsejable dominar las reglas que guían la adecuada colocación de los asistentes, de los comensales. Esta distribución depende del tipo de mesa que se emplee y de los diferentes miembros invitados a la comida.

En cualquier tipo de comida es esencial la presencia del **anfitrión,** persona encargada de la organización del evento, quien por lo general ocupará la presidencia de la mesa o una posición de honor cuando ceda la presidencia a uno de los invitados. Por tanto, las normas de colocación tendrán en cuenta quién ejerce la presidencia y a partir de esta se distribuirá al resto de comensales.

La **precedencia** es la jerarquía establecida para los invitados según su cargo o categoría. En las comidas pueden concurrir miembros de diferentes entidades corporativas, autoridades y personalidades; cuando ello sucede se recomienda que la técnica de colocación empleada sea la del **peinado.** Esta técnica consiste en la alternancia de cada una de las categorías, evitando de ese modo que se establezcan dos grupos, por un lado los empresarios y por otro las autoridades y personalidades.

Además, en el establecimiento de las precedencias existen dos reglas fundamentales que deben tenerse siempre presentes:

1. **Proximidad:** los miembros situados en posiciones próximas a la presidencia son de mayor categoría que los más alejados.
2. **La derecha:** en caso de igual distancia a la presidencia, el miembro situado a la derecha de aquella posee rango superior.

La **presidencia,** como se ha ido comprobando, aparece en todos los actos organizados por la empresa, por lo que también ha de tenerse en cuenta al colocar a los comensales durante la comida. La presidencia se reserva para quien organiza el acto; por norma general en las empresas es el jefe o director. Por tanto, durante las comidas de empresa la presidencia estará ocupada por el anfitrión, excepto cuando este ceda su lugar.

Importante

En la distribución de mesas hay que distinguir dos tipos de presidencias: la francesa y la anglosajona.

Actividades

8. La presidencia aparece en todos los actos empresariales y teniendo presente las normas de precedencias, consistentes en la jerarquización de los invitados según su categoría o cargo, señalar cómo podría estar ocupada la presidencia por un cargo diferente al más elevado del acto. Razonar la respuesta.

Por lo general, las mesas empleadas para la presidencia durante las comidas disponen de un eje mayor que el otro, dando lugar a la distribución de sus comensales siguiendo dos sistemas distintos:

1. **Presidencia francesa:** ambas presidencias se posicionan en el lugar central, del eje mayor, una frente a la otra. Quedando situada la primera presidencia, la anfitriona, frente a la puerta de entrada a la sala. Los demás comensales se distribuirán a partir de la presidencia, quedando a sus lados los miembros de mayor cargo o categoría. De este modo, la conversación principal se produce en el centro, con la existencia de conversaciones distintas en los extremos. Por otro lado, hay que evitar que en los extremos queden posicionadas las mujeres. Las ventajas e inconvenientes son los siguientes:

   ■ **Ventaja:** favorece la conversación principal.
   ■ **Desventaja:** los extremos no pueden participar en la conversación principal, llevando ello a su discriminación.

2. **Presidencia anglosajona:** las presidencias se posicionan en los ejes menores o extremos de la mesa, y al igual que en el sistema francés la presidencia del anfitrión queda situada frente a la puerta de acceso. La distribución de los invitados también será por alternancia, pero en esta ocasión la alternancia será a cada uno de los lados largos, así los invitados de la posición central son los de menor rango, dando lugar, con frecuencia, a la creación de dos conversaciones, una por presidencia. Las ventajas e inconvenientes son los siguientes:

- **Ventaja:** no muestra la jerarquización.
- **Desventaja:** los miembros de las presidencias, debido a la gran distancia entre ambos, no podrán mantener una conversación fluida.

Tipos de presidencia

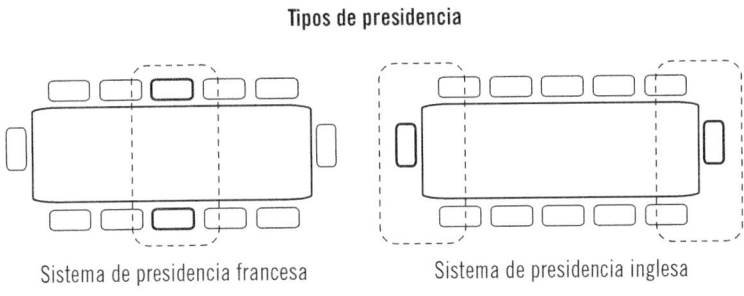

Sistema de presidencia francesa   Sistema de presidencia inglesa

Dentro de la colocación del resto de comensales en torno a la presidencia, a su vez pueden diferenciarse otros dos sistemas:

1. **Sistema del reloj:** empleado cuando en la comida participan hombres y mujeres, o para comidas en las que el rango de la primera presidencia es mucho más elevado a la segunda presidencia. Su distribución se lleva a cabo según las agujas del reloj, de mayor a menor categoría, quedando distribuidos del siguiendo modo: el primero a la derecha de la presidencia primera y el segundo a la izquierda de la presidencia primera, tercero a la derecha de las segunda presidencia y el cuarto a la izquierda de la segunda presidencia; así sucesivamente con todos los miembros según sus cargos.

2. **Sistema cartesiano:** empleado en comidas en las que todos los invitados son del mismo género o, si no es así, que al menos las presidencias estén

ocupadas por personas de igual género. La distribución de los comensales será del siguiendo modo: primero a la derecha de la primera presidencia, segundo a la derecha de la segunda presidencia, tercero a la izquierda de la primera presidencia, cuarto a la izquierda de la segunda presidencia y así sucesivamente hasta colocar a todos los comensales.

Tipos de presidencia

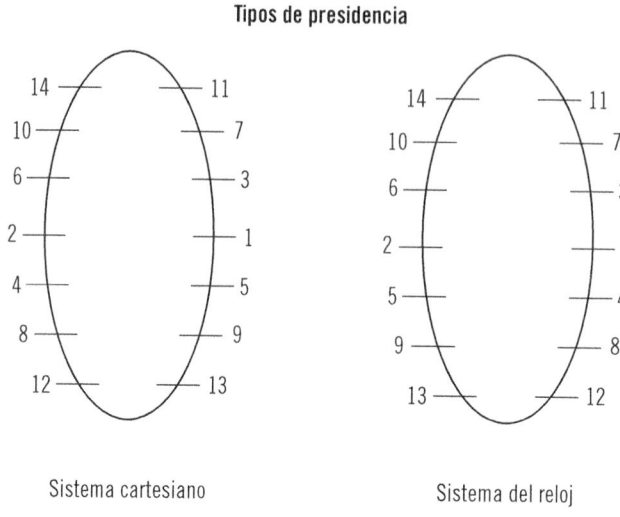

Sistema cartesiano   Sistema del reloj

Por último, con independencia de los sistemas empleados, cuando en las comidas participen miembros de ambos géneros, deben cumplirse las siguientes normas básicas:

- Distribución alternada de ambos géneros.
- Fundamental no ubicar a dos mujeres en posiciones contiguas, ni como ya se ha indicado, en los extremos.
- Así como, marido y mujer deben sentarse separados.

Aplicación práctica

El Sr. Moreno, para concluir la visita del jeque, ha organizado una cena donde todos los invitados estarán acompañados por sus parejas. Para la colocación de los miembros en la mesa ha seguido el siguiente orden: primera presidencia Sr. Moreno, segunda presidencia jeque árabe, primero a su derecha, segundo a la derecha del jeque, tercero a su izquierda y cuarto a la izquierda del jeque. ¿Qué sistema ha aplicado? ¿Es correcto?

SOLUCIÓN

El sistema aplicado por el Sr. Moreno es el cartesiano.

A pesar de aconsejarse el empleo del sistema reloj cuando en la mesa hay miembros de ambos géneros, el uso del sistema cartesiano en este caso es correcto porque al menos las presidencias están ocupadas por personas del mismo género: el Sr. Moreno y el jeque árabe.

 Actividades

9. Señalar cuáles son las ventajas y desventajas del uso de la presidencia francesa y de la presidencia anglosajona.

5. Real Decreto 2099/83, de Ordenamiento General de Precedencias en el Estado

El Real Decreto 2099/83, de 4 de agosto, por el que se aprueba el Ordenamiento General de Precedencias en el Estado, surge por necesidad como consecuencia de la aparición de nuevas autoridades e instituciones en España, dando lugar a una nueva estructuración de los cargos públicos, quedando las normas anteriores obsoletas.

 **Importante**

El Real Decreto 2099/83 regula el Ordenamiento General de Precedencias en el Estado, siendo aplicable a todas las instituciones públicas.

La redacción del Real Decreto 2099/83 marcó el protocolo a seguir en España en los actos oficiales, aplicable a todas las instituciones públicas, sin decir nada de los actos no oficiales, cuya aplicación se recomienda principalmente por diferencia a las distintas autoridades y personalidades que se pudiesen encontrar presentes en el acto.

Para una correcta aplicación es necesario saber distinguir cuándo son actos oficiales o no oficiales, así como conocer a quién se otorga la presidencia y qué normas de precedencia deben seguirse. En respuesta a todo ello, este Real Decreto, en su Título Primero, recoge todas las pautas a seguir.

5.1. Clasificación (carácter general y especial) y presidencia de los actos

Son **actos oficiales** los organizados por la Administración General del Estado, la Corona, la Administración de las comunidades autónomas y corporaciones locales y el Ejecutivo, los que a su vez y siguiendo con la clasificación establecida por el Real Decreto 2099/83, de 4 de agosto, se dividen en:

- **Actos de carácter general:** los organizados por la Corona, Gobierno o la Administración del Estado, Comunidades Autónomas o Corporaciones Locales, cuyo fin es conmemorar o celebrar acontecimientos nacionales, de las autonomías, provinciales o locales.
- **Actos de carácter especial:** los organizados por diversas instituciones, organismos o autoridades, cuando conmemoran o celebran acontecimientos relativos a ámbitos de sus propios servicios, funciones y actividades.

Con independencia del tipo de acto que se celebre, siempre existirá un miembro a quien se le otorga la **presidencia.** En relación a esta cuestión el R.D. 2099/83 establece que los actos los preside la autoridad que los organiza; no obstante, si esta no la ostentara, su lugar ocupado será el inmediato a la presidencia. En lo referente a la distribución de las demás autoridades y personalidades se seguirá lo establecido por este Ordenamiento, alternándose de derecha a izquierda a partir de la presidencia. En el caso de concurrencia de miembros de igual rango y orden de precedencia, prevalecerá la de la propia residencia.

 Nota

España es uno de los países que tiene el protocolo más antiguo, ya que proviene del siglo XVI.

5.2. Normas de precedencia

Las normas de precedencia aplicables dependen del tipo de acto que se lleve a cabo. De este modo, cuando el acto es oficial de **carácter general** se aplicará siempre lo establecido por el presente Ordenamiento, debiendo tenerse en cuenta también, cuando los actos son organizados por las comunidades autónomas o por la Administración local, su propia normativa así como la tradición o costumbre del lugar. En este tipo de actos, no podrá alterarse el orden establecido para las instituciones, Autoridades y Corporaciones del Estado marcadas por este Ordenamiento, aunque sí se respetará la tradición del lugar cuando para ciertos actos oficiales existan reservas a favor de determinados entes o personalidades.

Por otro lado, la precedencia en los actos oficiales de **carácter especial** vendrá dada por el organizador de los mismos, según su normativa y sus costumbres, así como por los criterios de este Ordenamiento.

Según este texto, en los actos oficiales se siguen tres criterios para establecer el orden de precedencias de las autoridades:

- **Ordenación individual o personal:** regula el orden personal de las autoridades, titulares de cargos públicos o personalidades. En esta ordenación no se prevé lugar específico para los consortes, quienes se posicionarán, por costumbre, en el siguiente puesto, por lo que según el sistema de alternancia (derecha-izquierda) quedarán separados. El artículo 10 recoge el orden de precedencias para actos con sede en alguna institución del Estado o Administración pública, en el que se observa un par de excepciones a lo dicho para los consortes, aplicables a los puestos relativos a la Reina de España y a la Princesa de Asturias. El artículo 12 es el encargado de recoger las precedencias con sede en territorio de las comunidades autónomas.
- **Ordenación departamental:** establece la ordenación de los Ministerios, recogido en el artículo 15, cuya precedencia viene dada por el orden de creación, en primer lugar el Ministerio de Asuntos Exteriores Unión Europea y Cooperación.
- **Ordenación colegiada:** se encarga de la prelación, recogida en los artículos 14 y 16, entre instituciones y corporaciones cuando ambas participan en actos oficiales, teniendo carácter colectivo.

Por último, el texto en estudio dispone que quien represente en su cargo a una autoridad con rango superior a la suya propia, no se le aplicará la precedencia de a quien representa y ocupará el lugar correspondiente según su propio rango, excepto que actúe en representación de Su Majestad el Rey o el presidente del Gobierno.

6. El regalo en la empresa

En el entorno empresarial son habituales las entregas de regalos. Estos pueden ser de naturaleza, calidad y condiciones muy variadas, pero siempre deben ser de buen gusto. Los motivos, razones y el quién entrega y recibe se comentan a continuación.

6.1. Obsequiantes y obsequiados

La entrega de un regalo es un proceso en el que interactúan varias partes, de un lado el "obsequiante" y de otro el "obsequiado", elementos claves para la elección de un tipo de regalo u otro. Por tanto, es fundamental conocer quiénes pertenecen a una y otra parte. Para ello, primeramente hay que conocer qué se entiende por regalo. El **regalo** es un obsequio que la empresa (obsequiante) entrega a los diferentes miembros que con ella se relacionan, instituciones, empleados, personalidades, clientes y proveedores, (obsequiados), como muestra de agradecimiento por algún hecho relacionado con la empresa.

De esta definición se deduce que el **obsequiante** es la parte que entrega el regalo, es decir, algún miembro de la entidad en nombre de la misma, mientras que los **obsequiados** son quienes reciben el regalo, pudiendo ser una persona individual, un colectivo o una entidad.

6.2. Fiestas de Navidad, cumpleaños, antigüedad, jubilaciones, visitas y campañas

Las fiestas de Navidad, los cumpleaños, la antigüedad, las jubilaciones, las visitas a la empresa, las campañas, etc., son celebraciones que pueden constituir un motivo para llevar a cabo la entrega de un regalo. Como se puede observar, existen infinidad de razones que llevan al empresario a querer obsequiar a diferentes personas: celebración de alguna fiesta especial, agradecimiento por su participación en un evento de la empresa, nacimiento de una relación contractual, etc.

Las recomendaciones sobre la elección y entrega de los regalos son las siguientes:

- Cada persona es distinta, por lo que el regalo debe seleccionarse teniendo presente su cargo, responsabilidad y personalidad.
- La entrega de un regalo persigue agradecer y halagar al obsequiado, por lo que no hay que excederse en la exhibición de poder económico.
- Lo importante, en la elección del regalo, es la aplicación del buen gusto; no siempre los regalos más caros son los más acertados.
- Si una persona ha sido obsequiada por la entidad con anterioridad, hay que evitar la repetición del regalo, para ello es fundamental disponer de un archivo que recoja los regalos entregados en otras ocasiones.

- Relativo a "logo sí" o "logo no", es aconsejable que este no se incluya, puesto que el fin de esta entrega no es promocionarse.
- Hay que cuidar el momento de la entrega, cada regalo tiene su momento. En especial cuando se va a negociar algo, hay que esperar a haber alcanzado el acuerdo, pues si realiza la entrega con anterioridad puede ser recibida como un soborno.

  A la hora de realizar regalos de empresa, si hay una negociación en proceso hay que esperar que se cierre para que no parezca que el presente es un soborno.
- Igualmente importante que el regalo en sí es el cómo se entrega: debe ir bien presentado.

7. La etiqueta en hombres y mujeres

Como se ha ido exponiendo, la imagen es un factor muy importante en el entorno empresarial. Ello hace que los asistentes a los eventos empresariales, como parte importante para la correcta transmisión de la imagen corporativa, deban cuidar su vestimenta y su apariencia. Para ello, los asistentes se rigen por la etiqueta estipulada para cada acto en concreto. De este modo puede definirse la **etiqueta** como las pautas que deben seguirse para que la apariencia sea la adecuada en cada evento.

 Nota

La etiqueta depende también de la cultura, ya que lo que es una excelente etiqueta en una sociedad puede sorprender en otras.

Obviamente, no todos los actos precisan el mismo formalismo al vestir, pudiendo distinguirse actos **oficiales**, cuyo protocolo y etiqueta están marcados sin dejar hueco a la libre elección del asistente, y actos **no oficiales**, cuyo formalismo es menor y permite a cada cual reflejar un poco su personalidad, colaborando en una mejor transmisión de la imagen de profesionalidad, pues es cierto que cuanto más segura se siente una persona mejor realiza su trabajo. Aun así, a pesar del carácter no formal del acto, siempre existirá la imposición de una etiqueta a seguir, de cuyo establecimiento se encarga el anfitrión.

No obstante, al enfrentarse a la correcta elección de la vestimenta, se debe dar respuesta a tres preguntas: en qué época del año se celebra, grado de formalidad del acto y hora del día en que se llevará a cabo. Si a pesar de estas preguntas se sigue teniendo dudas sobre cómo vestir, es aconsejable ponerse en contacto con el anfitrión para que este indique las pautas que se deben seguir.

 **Actividades**

10. Señalar qué es la etiqueta y si en todos los actos se establece la que hay que seguir.

A continuación, se realiza una numeración sobre diversos requisitos que, por un lado, los hombres y, por otro, las mujeres siempre deben tener presente en la elección de su vestimenta para eventos empresariales.

En la etiqueta para el **hombre** hay que tener en cuenta lo siguiente:

1. Hay que cuidar la higiene personal (cabello, barba y/o bigote, manos, uñas, dientes y olores).
2. Para la elección del traje, siempre en colores oscuros y de estilo clásico.
3. La camisa siempre bien planchada, prestando atención al correcto estado de puños y cuello. De manga larga y de colores básicos, sin estar permitidos los estampados, excepto las líneas finas.
4. Cuando la camisa se utiliza con chaqué, este debe dejar aparecer el puño de la camisa.
5. La corbata debe estar en armonía con el resto de la ropa. Para acertar utilice corbatas lisas o con leves dibujos en el mismo tono.

6. Zapatos y cinturón deben ir a juego y acorde con la ropa. Cuide especialmente el buen estado de los zapatos.

7. La elección de los calcetines: deben quedar por debajo de la rodilla. El objetivo es que al cruzar las piernas no asome la piel. El color debe ser a tono con el pantalón y el calzado.

8. En resumen, en la elección de la vestimenta se debe aplicar el buen gusto, evitando las exageraciones y empleando la buena calidad en las mismas.

Y en la etiqueta para la **mujer** hay que tener en cuenta lo siguiente:

1. Hay que cuidar la higiene personal, y para ello es fundamental llevar siempre el cabello limpio y bien peinado, evitando los tintes de colores muy intensos. En el entorno empresarial se recomienda llevar el cabello largo recogido.

2. Se recomienda el uso de maquillaje, pues mejora la imagen, pero debe ser aplicado con prudencia. Lo correcto para el entorno empresarial es usar tonos suaves que no tengan brillos.

3. Las manos deben estar cuidadas con una manicura correcta, evitando tonos intensos, esmaltes desquebrajados, así como uñas largas.

4. El perfume adecuado es uno suave que no impregne a todos los compañeros.

5. La vestimenta debe ser de buena calidad y corte clásico. Por lo general, se emplean trajes de chaqueta con pantalón o falda poco ajustada.

6. Hay que evitar por todos los medios el uso de colores intensos y de estampados exagerados, así como de brillos.

7. Cuando se enseñen las piernas se deben utilizar medias, ya que aportan elegancia. Su color tiene que ser natural, lisas y en buen estado.

8. Para el lugar de trabajo se deben usar zapatos de tacón medio, que sean cómodos. Al igual que en los hombres deben estar limpios y en buen estado.

9. Cuando se acude a una cena de trabajo, se debe emplear un vestido, complementado de forma adecuada con el uso de zapatos de tacón alto.

10. El uso de joyas debe ser discreto, como el resto de la ropa. El uso de perlas es acertado siempre.

11. El maquillaje se debe intensificar un poco en las cenas.

12. Se deben usar bolsos y carteras pequeñas si se acude a una cena, que combinen con el resto de la vestimenta sin necesidad de tener que ir a juego con los zapatos.

 Nota

Tanto en hombres como en mujeres es muy importante cuidar la higiene personal de cara a la participación en eventos empresariales.

El siguiente cuadro muestra la equivalencia entre hombres y mujeres cuando acuden a una comida de gala:

VESTIMENTA MASCULINA	VESTIMENTA FEMENINA
Traje oscuro	Vestido corto o cóctel
Chaqué	Vestido cóctel con sombrero o tocado
Frac	Vestido largo de noche
Esmoquin	Vestido largo

 Aplicación práctica

Doña Carmen es una señora de reconocida elegancia, a la que han invitado a una cena de gala empresarial. Ella, conocedora de su buen gusto, ha seleccionado su vestimenta sin consultar la etiqueta al anfitrión. Su elección ha sido todo un éxito pero, ¿ha actuado correctamente?

Continúa en página siguiente >>

<< Viene de página anterior

SOLUCIÓN

Claramente no ha actuado bien, a pesar de la gran experiencia que uno pueda tener, así como de su buen gusto al vestir, cuando se acude a un acto, en caso de que el organizador no haya informado previamente de cuál es la etiqueta, hay que preguntar al anfitrión, quien ofrecerá las pautas a seguir.

---

8. Ubicación correcta de los símbolos

Hasta ahora, se ha realizado la aplicación del protocolo a todo lo relativo a la conducta y distribución de las personas. Pero el protocolo, como establecedor de todos los requisitos necesarios para la buena puesta a punto de un acto, también hace referencia a las banderas, himnos, escudos y condecoraciones. Todos estos símbolos se desarrollan a continuación.

8.1. Banderas: ordenaciones

Al hablar de banderas y de su ordenación se distinguen dos grupos: banderas de uso público y banderas de uso privado.

Banderas de uso público

El uso de la bandera de España lo regula la Ley 39/1981, de 28 de octubre. Según el artículo primero de dicha ley:

La bandera de España simboliza la nación; es un signo de soberanía, independencia, unidad e integridad de la patria y representa los valores superiores expresados en la Constitución.

La bandera de España debe ondear en el exterior y ocupar el lugar preferente en el interior de todos los edificios y establecimientos de la Administración Pública. Así, será la única que ondee en las sedes de los órganos constitucionales del Estado y en los órganos centrales de la Administración del Estado. También se colocará en los locales de las misiones diplomáticas y de oficinas consulares, en las residencias de sus jefes y en los transportes oficiales.

Cuando las comunidades autónomas, ayuntamientos, diputaciones y demás corporaciones públicas tengan bandera propia, la bandera de España lucirá junto a la bandera de dichas instituciones según lo siguiente: al lucir con otras banderas, la bandera de España ocupará el lugar preeminente y de máximo honor, es decir, cuando el número de banderas es impar, la posición central, y si es par, de las dos posiciones centrales, la de la derecha según la posición de la presidencia o la de la izquierda para el observador, sin que las demás puedan tener mayor tamaño.

 Definición

Vexilología
Es la disciplina que estudia las banderas, pendones y estandartes.

Banderas de uso privado

Al igual que en el ámbito público, en el privado también existen y pueden emplearse las banderas. Las banderas de las entidades privadas constituyen uno de los símbolos más importantes de las mismas y simbolizan la integridad y valores de la entidad.

Por ello, al organizar un acto empresarial, hay que saber cómo y dónde se coloca la bandera de la empresa.

Para su colocación hay que distinguir dos tipos de actos:

- **Actos privados con presencia únicamente de otras empresas:** en este tipo de actos no deben figurar banderas oficiales, siendo todas las presentes de empresas. En este caso se colocarán todas juntas, comenzando por la de la empresa anfitriona y las demás seguirán a esta, por orden alfabético o por orden de creación de cada empresa.

■ **Actos privados en los que participa alguna autoridad:** en estos casos se utilizarán tanto banderas oficiales como privadas, cuya colocación nunca debe ser juntas unas con otras; lo correcto es que las banderas privadas, como consecuencia de su carácter no oficial, se posicionen separadas de las oficiales.

Por lo general, las banderas oficiales se sitúan a la derecha, izquierda del observador, y las de las empresas a la izquierda, derecha del observador.

Por último, en lo relativo al empleo de colores y diseño de las banderas privadas no hay restricciones, excepto cuando se empleen junto a banderas oficiales, ya que deberán tener un tamaño menor que la oficial y ondear en un mástil de menor altura.

8.2. Himnos, escudos y condecoraciones

Además de las banderas existen otros símbolos que se emplean frecuentemente, tanto en actos oficiales como no oficiales. Entre ellos destacan: los himnos, los escudos y las condecoraciones.

El **himno,** según la RAE es su apartado quinto, es una composición musical emblemática de una colectividad, que la identifica y que une entre sí a quienes la interpretan; por lo que pueden existir himnos nacionales, de comunidades autónomas, locales, así como de entidades empresariales.

El himno nacional de España, conocido según la tradición como "Marcha Granadera" o "Marcha Real Española", está legislado por el Real Decreto 1560/1997, de 10 de octubre. En él se recoge la posibilidad de realizar una interpretación completa del himno (52 segundos) y una versión breve (27 segundos), quedando establecido que en cualquiera de sus dos versiones, la ejecución será íntegra y una única vez.

 **Nota**

El himno nacional de España o "Marcha Granadera" es anónimo y data de 1761, estando regulado por el Real Decreto 1560/1997, de 10 de octubre.

Lo habitual es que el himno se interprete al final del acto como muestra de la clausura del mismo, pero puede ser que se interprete en otro momento o que deban de hacerlo más de uno. En los casos en los que deben ejecutarse más de un himno, por lo general, sonará primero el de los invitados y el último el del anfitrión, cuando se trate del inicio de los actos, cambiándose el orden cuando los himnos se interpretan como clausura del acto.

El **escudo** o escudo de armas, según la heráldica, constituye el emblema de la empresa, autoridad o institución en el acto celebrado. Generalmente los escudos en su diseño incluyen imágenes características de la corporación.

Según las imágenes y elementos que lo forman pueden ser clasificados en: escudo partido, escudo raso, escudo cortinado, escudo fajado o escudo enclavado.

La Ley 33/1981, de 5 de octubre, es la encargada de regular el escudo de España, debiendo utilizar todos los organismos públicos que así lo estimen el escudo oficial en uso, el descrito en esta ley.

Respecto a su ubicación no existen normas que la establezcan, pudiendo ser incluido en la bandera de España, sobre la franja gualda y por las dos caras de la misma.

Las **condecoraciones** son una forma de ilustrar o dar honores a alguien como reconocimiento a su labor. Se conceden indiferentemente a personas físicas o jurídicas, en actos públicos y según establecen las normas.

En función de la categoría, se clasifican en:

- Collar: la más importante, se usa para condecorar a los jefes de Estado.
- Gran Cruz: para la condecoración de personalidades ilustres.
- Encomienda con placa.
- Encomienda.
- Oficial.
- Caballero o Dama.

9. La imagen y la empresa

La empresa es una unidad de organización dedicada a la producción de bienes o prestación de servicios con fines lucrativos. Por ello, las ventas son el pilar y objetivo fundamental de las empresas.

Es entonces, cuando se trabaja para la obtención de ventas, cuando toma valor la comunicación corporativa, puesto que vender no es únicamente lograr que paguen por los productos o servicios, sino que hay que ir más allá hasta lograr cubrir las necesidades de los clientes, de ese modo se consigue fidelizar a los mismos. Para ello, las empresas transmiten infinidad de señales, logrando un mayor alcance cuanto más numerosas son y en función a ellas las personas relacionadas con la empresa se crearán una imagen de la misma.

9.1. Estilo, operaciones y campañas

El estilo forma parte de la identidad de las empresas, relativo al modo o forma con el que la entidad realiza su actividad.

Con el fin de que todos los miembros actúen del mismo modo y sepan cómo deben hacerlo, es habitual la existencia del **manual o libro de estilo,** guía que recoge las normas de cómo deben desarrollarse todas las actividades que se llevan a cabo en la empresa y así conseguir una imagen corporativa integrada. Por tanto, en este manual pueden establecerse desde cómo deben realizarse las recepciones de las visitas, cómo relacionarse con los medios de comunicación, hasta establecer en qué consistirán las campañas publicitarias y demás operaciones de *marketing*. Por último, es habitual realizar revisiones del manual para efectuar actualizaciones del mismo.

Variadas son las operaciones de *marketing* que pueden realizar las entidades para proyectar su imagen sobre el público. Dentro de estas operaciones de *marketing* son muy utilizadas las actividades de promoción, cuyo público receptor suele ser más reducido, y las campañas publicitarias o de patrocinio, cuyo alcance es mayor.

9.2. La identidad corporativa. Mensajes verbales, simbolismo, el logo, comportamiento y la opinión pública

La identidad corporativa es el conjunto de rasgos y valores propios de cada empresa, cuya proyección le permite diferenciarse y posicionarse frente a las demás. Estos atributos individuales, además de carácter visual, el más empleado, también engloban otros ámbitos como el cultural, de comportamiento y social.

A continuación se desarrollan los elementos que constituyen dicha identidad corporativa:

1. **Mensajes verbales:** dentro de la comunicación es la forma más usual, evidente y rápida; por ejemplo, los lemas de las campañas publicitarias.
2. **Simbolismo y logo:** el simbolismo hace referencia a todos los elementos visuales que representan la naturaleza de la empresa. Entre todos los elementos, el logo o logotipo es más que el diseño de una palabra o imagen, su carácter único aporta distinción a la empresa, facilitando su identificación entre todas las demás. Los consumidores asocian directamente la imagen con el logo.
3. **Comportamiento:** aunque es el público quien valora a la entidad corporativa, para la proyección adecuada de la identidad de la empresa es fundamental el comportamiento "interno" de todos los miembros de la organización, debiendo cuidar todas las tareas desarrolladas en la empresa, desde las relativas a los productos y servicios: producción, distribución, comercialización, etc.; hasta la planificación y toma de decisiones.

4. **La opinión pública:** cada vez es más frecuente que la creación de la identidad corporativa tenga en cuenta la opinión del entorno, del público, en lo relativo a aspectos sociales, contribuyendo a su mejora mediante el establecimiento de políticas de responsabilidad social.

 Actividades

11. Analizar y enumerar diversas campañas publicitarias donde se refleje la importancia del logo como imagen, es decir, marcas que se valen simplemente del logo y que el público las reconoce.

En definitiva, en la transmisión de una imagen corporativa deseada hay que establecer previamente una identidad corporativa clara, única y trabajada. Solo el trabajo bien hecho en la corporación por todos los miembros de los diferentes departamentos podrá conseguir que la imagen proyectada se corresponda con la identidad corporativa.

 Importante

La identidad corporativa es la imagen que la empresa tiene de sí misma; y la imagen corporativa es la que los miembros externos que se relacionan con la empresa perciben.

10. Resumen

El protocolo es el establecimiento de normas por las que debe regirse el desarrollo de un acto, cualquier tipo de evento o reunión.

Históricamente su uso se aplicaba solo a actos oficiales, pero la importancia adquirida por la imagen en el ámbito empresarial ha provocado que por costumbre se apliquen ciertas normas basadas en el protocolo oficial.

El tratamiento de los invitados, es decir, el título de cortesía que se les concede, no es idéntico para todos, pues no todos los invitados son iguales, cada cual posee un rango o categoría diferente.

La recepción es un acto fundamental, y por lo general constituye el primer contacto físico del invitado con la empresa y el punto de partida para crearse la imagen de la entidad. Por ello, todos los invitados deben ser recibidos, quedando correctamente saludados y presentados cuando se precise. El tiempo es un recurso muy preciado para todos, también para los visitantes, por ello hay que ser puntual y no hacerles esperar.

Los encuentros empresariales no tienen que celebrarse obligatoriamente en el despacho o instalación empresarial, pueden amenizarse mediante el ofrecimiento de una comida, durante la que se pueden tratar temas empresariales. La elección del tipo de comida depende de la intención del organizador, pudiéndose llevar a cabo en cualquier hora del día.

Para que la entidad transmita la imagen deseada a su público, un aspecto vital es la fijación previa de la identidad de la misma, es decir, la empresa a nivel interno tiene que conocer y tener claros cuáles son sus valores y rasgos característicos, y en función de ellos transmitir la imagen que le ayudará a posicionarse entre todos los competidores.

Ejercicios de repaso y autoevaluación

1. Encuentre los seis tipos de comidas que están ocultos en la siguiente sopa de letras:

Z	P	Q	C	A	S	R	U	E	V	C	C
X	D	E	S	A	Y	U	N	O	I	O	L
V	T	Y	N	B	P	A	X	M	N	N	H
I	S	Ñ	G	J	R	E	L	G	O	F	C
O	Z	R	E	U	M	L	A	M	I	O	U
R	S	I	E	S	E	B	I	N	C	R	I
C	O	N	O	C	A	M	I	T	S	E	T
E	V	I	A	I	T	A	E	F	O	N	E
P	R	E	M	C	A	L	T	U	F	C	U
E	R	Z	A	D	K	A	V	I	T	E	A
L	I	D	A	D	Y	O	M	P	R	N	D
C	O	N	G	R	E	S	O	S	F	A	L

2. Ordene las siguientes secuencias, del apretón de manos:

___ Ofrecer la mano en posición recta con el pulgar hacia arriba.

___ Extensión del brazo justa, evitar que el mismo se quede pegado al cuerpo así como que esté totalmente estirado.

___ No balancee agitadamente la mano, lo correcto es que si se mueve la mano solo se realice un movimiento de muñeca.

___ Una vez que se contacta con la otra mano, debe cerrarse la mano recogiendo la del contrario, recuerde que sin apretar demasiado.

3. Relacione los siguientes conceptos:

    a. Subdelegado del Gobierno.
    b. Reyes.
    c. Diputados Provinciales.

    __ Señoría.
    __ Ilustrísimo Señor.
    __ Sus Majestades.

4. Indique de qué elementos depende la elección del tipo de comida a ofrecer:

_____
_____
_____
_____
_____

5. Indique si las siguientes afirmaciones son verdaderas o falsas:

    a. Cuando se avanza por un pasillo de la empresa con uno de los visitantes hay que colocarse a la misma altura de este y forzar la conversación.

        ☐ Verdadero
        ☐ Falso

    b. Como muestra de cortesía a los invitados que visitan la empresa siempre hay que cederles el paso, incluso en el ascensor.

        ☐ Verdadero
        ☐ Falso

    c. Especialmente en las escaleras, si se encuentra con alguien a quien debe saludar lo correcto será apartarse hacia una zona donde no se moleste a los demás y así conversar tranquilamente.

        ☐ Verdadero
        ☐ Falso

d. La precedencia son los privilegios que en función de sus características se les otorga a los invitados.

☐ Verdadero
☐ Falso

6. **¿A qué tipo de comida corresponde el siguiente párrafo?**

"Su duración no debe superar los cuarenta y cinco minutos, pues si no daría lugar a un almuerzo. La hora adecuada para llevarlo a cabo es entre las siete y media y las diez de la mañana".

7. **¿Con qué tipo de comida corresponde cada una de las siguientes franjas horarias?**

a. Entre las siete y media y las diez de la mañana. _____
b. Desde las ocho de la tarde hasta las once de la noche. _____
c. A partir de la una y hasta las tres y media de la tarde. _____

8. **Complete los siguientes espacios en blanco:**

Su gran ventaja es la _____ de todos sus miembros y el tratamiento por _____ de todos, por lo que _____ a las relaciones sociales pues todos pueden _____ en una misma _____. Su mayor inconveniente, es _____ marcar las _____, así como no se puede acoplar para dar lugar a otras formas.

9. **Indique si la siguiente afirmación es verdadera o falsa:**

"Al elegir la ornamentación para las mesas, generalmente se emplean adornos florales, a poder ser que tengan un suave olor que impregne el lugar".

☐ Verdadero
☐ Falso

10. Indique cuáles son las dos reglas fundamentales que deben tenerse siempre presentes en el establecimiento de las precedencias y explique en qué consisten.

_____
_____
_____
_____

11. Con independencia de los sistemas de precedencias existentes, ¿cuáles son las reglas que siempre deben considerarse?

_____
_____
_____
_____

12. Defina qué se entiende por etiqueta en el entorno protocolario.

_____
_____

13. Complete según corresponda:

VESTIMENTA MASCULINA	VESTIMENTA FEMENINA
Traje Oscuro	
	Vestido cóctel con sombrero o tocado
Frac	
	Vestido Largo

14. Indique si son verdaderas o falsas las siguientes afirmaciones:

a. El himno nacional tiene dos versiones que pueden interpretarse indistintamente.

☐ Verdadero
☐ Falso

b. Debido a que no existen normas sobre la correcta ubicación del escudo nacional, este podrá incluirse en la bandera nacional, de cualquier forma.

☐ Verdadero
☐ Falso

c. Cuando en un mismo acto deben ondear banderas oficiales y banderas oficiosas, tendrán que hacerlo por partes, dando lugar a dos grupos.

☐ Verdadero
☐ Falso

d. Las condecoraciones se emplean para dar honores e ilustrar a alguien como reconocimiento de su labor realizada.

☐ Verdadero
☐ Falso

15. Defina qué es la "identidad corporativa" y enumere los elementos que la constituyen.

_____
_____
_____
_____
_____
_____
_____
_____

Bibliografía

Monografías

ARROGANTE Ramírez, A. B.: *Organización de eventos empresariales.* Madrid: Ediciones Paraninfo, 2018.

CABERO Soto, C.: *Organización de reuniones y eventos.* Madrid: Ediciones Paraninfo, 2012.

CUADRADO Esclapez, C.: *Protocolo y comunicación en la empresa y los negocios,* Madrid: FC Editorial, 2017.

OROZCO López, J. D.: *Protocolo para la organización de actos oficiales y empresariales.* Antequera: IC Editorial, 2016.

MAQUEDA Lafuente, J.: *Protocolo empresarial: una estrategia de marketing.* Madrid: ESIC Editorial, 2003.

VV. AA.: *Protocolo y Organización de eventos.* Málaga: MEDAC, 2021.

Legislación

Ley 7/2012, de 29 de octubre, de modificación de la normativa tributaria y presupuestaria y de adecuación de la normativa financiera para la intensificación de las actuaciones en la prevención y lucha contra el fraude.

- Ley 15/2010, de 5 de julio, de modificación de la Ley 3/2004, de 29 de diciembre, por la que se establecen medidas de lucha contra la morosidad en las operaciones comerciales.

- Ley 10/2010, de 28 de abril, de prevención del blanqueo de capitales y de la financiación del terrorismo.

- Ley 19/1985, de 16 de julio, Cambiaria y del Cheque.

- Real Decreto Legislativo 1/2010, de 2 de julio, por el que se aprueba el texto refundido de la Ley de Sociedades de Capital.

- Real Decreto Legislativo 1/2007, de 16 de noviembre, por el que se aprueba el texto refundido de la Ley General para la Defensa de los Consumidores y Usuarios y otras leyes complementarias.

- Real Decreto 1619/2012, de 30 de noviembre, por el que se aprueba el Reglamento por el que se regulan las obligaciones de facturación.

- Real Decreto 2099/1983, de 4 de agosto, por el que se aprueba el Ordenamiento General de Precedencias en el Estado.

- Real Decreto de 24 de julio de 1889, texto de la edición del Código Civil.

- Real Decreto de 22 de agosto de 1885, por el que se publica el Código de Comercio.

- Orden ETD/1217/2022, de 29 de noviembre, por la que se regulan las declaraciones de movimientos de medios de pago en el ámbito de la prevención del blanqueo de capitales y de la financiación del terrorismo.